保健室の先生（だけが）知っている子育て

小学校養護教諭
渡邉真亀子

SOGO HOREI PUBLISHING CO., LTD

「お母さん、あのね……」

「お父さん、きいて……」

子どものそんな語りかけを大事にしていますか？

「あとでね」と後回しにしたり、スマートフォンをいじりながら、「なぁに？」と言ったりしてはいませんか？

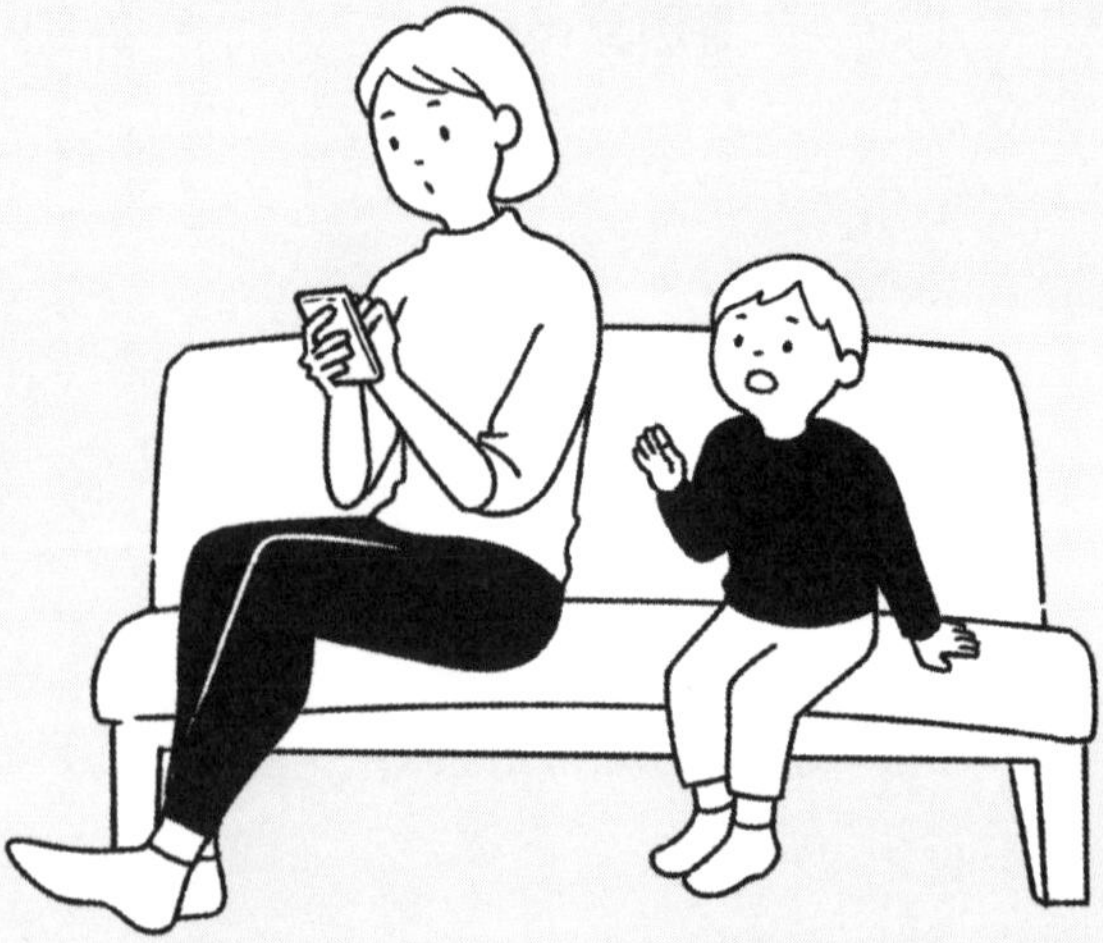

子どもにとって、おうちの方は太陽です。
常に照らされたい。
ぬくもりを感じたい。
そんな子どもの心を、
丁寧に「みて」「きいて」ほしい――。

30年間保健室で
子どもを見守り続けてきた私から、
親子の笑顔を応援する一冊を送ります。

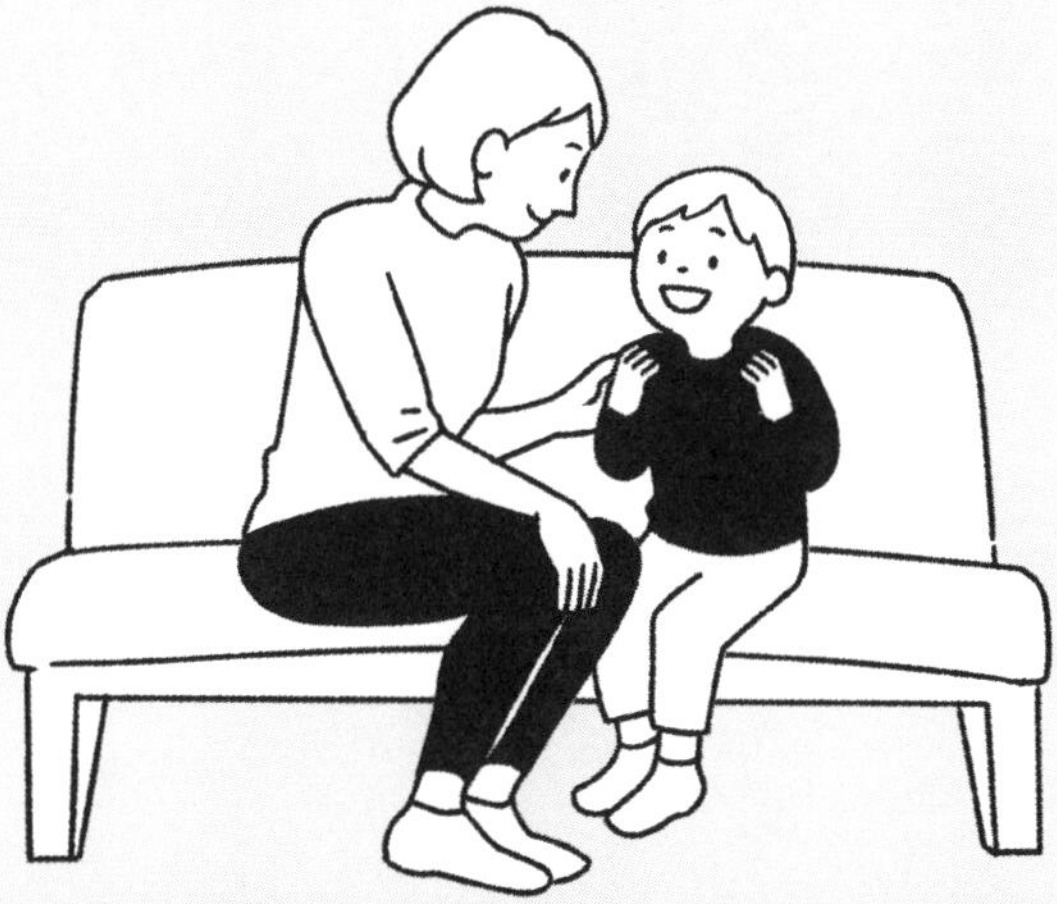

はじめに

～子どもたちの心と体を守るために伝えたい～

「保健室の先生」として今伝えたいこと

はじめまして。私、渡邊真亀子は小学校の保健室で働いています。30年間、養護教諭として、つまり「保健室の先生」として、3000人以上の子どもやおうちの方と接してきました。日々目の前の子どもたちが元気になるように、心と体の痛みの手当てに力を注いでいます。

お父さんお母さんも、学校でケガをしたときや熱を出したときに、保健室でケアをしてもらった記憶があるかもしれませんね。

そんな私が本を書こうと思ったのは、子どもたちが危機的な状態にあると感じたからです。

2020年以降、新型コロナウイルス感染症の蔓延により、世界中に不安が広がりました。感染症の罹患への不安、精神的なダメージ、経済的な困窮など——。多くの

「負」が生み出されたと感じています。

そんな中、私は保健室の先生として、感染への対策をしながら、子どもたちの学びを止めないための指揮を学校で執り続けました。

保健室の先生は学校で一人だけ。「私がやらなきゃ誰がやる！」という思いでした。

私は新型コロナウイルスが広まる前から、子どもたちの心と体の健やかな成長のために、正しい情報を集め、さまざまな取り組みを行ってきましたが、子どもたちの心身の健康のためには、やはりお父さん、お母さんをはじめ、おうちの方の協力が必要であることを強く感じています。

どうしたら子どもの心と体を守ることができるのか——。

保健室で得たメソッドを、今ご家庭にお伝えしなければいけないと思ったのです。

子どもたちの気になる変化

実のところ私は、コロナ禍に陥る前から子どもの心と体を心配していました。

大きく2つ、気になる傾向があります。

①心の不調の増加

ストレスや心の不安定さを抱える子どもが、衝動的に怒ったりモノを壊したりする様子が多く見られるようになりました。不登校や保健室登校の子も一定の割合でいます。これは私の肌感覚だけではないようです。実際に、児童による暴力行為は2006年から2019年で11倍以上に増えています。不登校数も、2019年は2015年と比べて2倍以上だそうです（令和元年度生徒指導上の諸課題に関する調査　文部科学省）。

子どもの体の成長は早まっているけれど、心の成長はどんどん遅くなっている――。そんな感覚を持っています。

心のモヤモヤをうまく表現できず、怒りに任せて暴言を吐く子、廊下の壁を蹴る子、友達に八つ当たりする子。こうした「不機嫌な子」が学校にもいます。

②体の不調の増加

昔だったら擦り傷程度で済んだ転倒が、きちんと受け身を取れないがために骨折してしまうようなことがある。体力がないために持久走ができない――。そうした子どもが増えました。

また、子どもの肥満も心配です。コロナ禍で運動の機会が減ったことで、子どもたちの肥満が深刻化するでしょう。逆に、あまり知られていませんが、ストレスが原因で拒食症になり、やせてしまう子どももいます。

大人たちができること

一方で、こうした子どもの変化に大人はうまく対応できていません。

大抵は、問題行動を叱るだけ。

子どもたちの心と体を健やかに伸ばしていくためには、その行動の背景にある思いを大人がきちんと「みて」「きく」ことが大切です。子どもの心は、大人の接し方によって、強く育てていくことができます。

でも、おうちの方はどんどん忙しくなっているように思います。読者の方でも「なかなか子どもと向き合う時間がない」という方が多いのではないでしょうか。

さらに、新型コロナウイルス感染症の影響により、その傾向が一層強まっているようです。比喩ではなく、生きるだけで精一杯の方がいることも理解しています。

ただ、このような状況から、おうちの方がさらに子どもの心に触れる機会が少なくなってしまうのではないか、私はそんな不安を抱いています。

子どもたちはお父さんお母さんが大好きなのです。

自分のことをみてほしい。自分の話をきいてほしい。一緒にいてほしい――。

お父さんお母さんが家の用事や仕事で忙しい中、子どもたちのその思いを実現し、未来を生きる力をつけていくにはどうしたらよいのか、私は考え続けていました。

これまでは、保健室からお便りを出したり、おうちの方とお話をしたりする中で、子どもの心を育む方法をお知らせしてきたのですが、今回は本書を通して、より多くの方へお伝えしたいと思います。

本書では、子どもの心と体を育てるために必要なことを5つに分けて紹介します。

①子どもの心について知る
②子どもをみる
③子どもの心の声をきく
④子どもの体を育てる習慣をつくる

⑤子どもの心を育てる習慣をつくる

そして最後に、保健室の先生として、母として、子どもたちを育ててきた私からお父さんお母さんへメッセージを載せました。

私自身いつもうまく子どもたちと接することができていたわけではありません。もっとよくみていたら、よくきいていたら、先生やおうちの方とコミュニケーションを取っていたら――。そう思ったこともたくさんあります。それでも、壁にぶつかるたびに、子どもへの接し方を考え、変えていくことで、子どもたちはすくすくと育ってくれました。

子育てにおいて「今からでは遅い」ということはありません。目を向け、耳を傾け、一緒に習慣づくりをしていくことで、子どもは変わっていくはずです。

そして、お父さんお母さんだけでなく、いろいろな立場から子どもと関わる全ての方に、この本を読んでいただけたらと思います。

この本を通じて、子どももおうちの方も幸せな時間を過ごせるようになることを願っています。

目次

はじめに～子どもたちの心と体を守るために伝えたい～……4

第1章
大人が知らない、保健室の子どもたち

子どもたちが保健室に来るのには「理由」がある……16
「心が強い」ってどんなこと？……18
子どもが抱えるいろいろな心のモヤモヤ……25
第1章のまとめ……36

第2章
子どもの心を「みる」

子どもは親に「もっとみて！」ほしい……38
おうちの人がみていることで子どもは安心する……40
まずは子どもの様子をよくみる……45

「みる」から「きく」へつなげる 55
日常生活で子どもを「みる」4つのシーン 73
第2章のまとめ 88

第3章

子どもの心を「きく」

子どもたちは「もっときいて!」ほしい 90
「評価をしない」保健室の先生のきき方 92
日常生活で子どもの話を「聴く」シーン 108
子どもにとって気持ちを話しやすい環境をつくる 117
子どもの気持ちを表す言葉を一緒に探す 130
子どもに言ってはダメ! NGワード 141
どう聴く? どう答える? どう伝える? 親子の会話Q&A 150
第3章のまとめ 168

目次

第4章 体が強くなる習慣をつくる

強い心には強い体が必要 …… 170
小学校は習慣をつくるチャンス …… 172
おうちで楽しく続けられる仕組みをつくる …… 176
子どもの健康的な体づくりのポイント …… 184
小学校低学年から性教育で体と心を育てる …… 202
第4章のまとめ …… 216

第5章 強い心が育つ習慣をつくる

「好き」のパワーが心を強くする …… 218
子どもの好きや得意を伸ばす習慣の基本 …… 220
今増えている子どもの依存に注意する …… 231
早めに依存を遠ざける習慣をつくる …… 240

第5章のまとめ……252

第6章 お父さんお母さんへ伝えたいこと

おうちの方にはいつも笑顔でいてほしい……254
保健室の先生がすすめる子育てを楽しむコツ……256
保健室の先生がすすめる子育てがラクになるコツ……262
第6章のまとめ……266
おわりに～私は「子育て」という海原の灯台になりたい～……268

編集協力：佐藤智（レゾンクリエイト）
イラスト：伊藤カヅヒロ
校正：池田研一
本文デザイン・装丁デザイン：木村勉
組版・図表・イラスト：横内俊彦

第1章

大人が知らない、保健室の子どもたち

子どもたちが保健室に来るのには「理由」がある

保健室にはいろいろな子どもが来ます。

遊びに夢中になってケガをしてしまった子、ちょっとしたじゃれ合いがエスカレートしてケンカになり傷つけられてしまった子、頭やおなかの痛みを訴える子、教室に居づらいと感じている子――。


頻繁に保健室に来る子は、大抵何らかの問題を抱えています。

ケガや不調は、子どもが発するサインなのです。

それを「ただの不注意」「ちょっとした不調」「単なる甘えやワガママ」と捉えてしまっては、子どもが抱えている本当の問題が見えてきません。

まず、子どもが発するサインに気づくこと。そして、子ども本人と丁寧に向き合うこと。このように、ステップを踏んで、対応していくことが大切です。

でも、このように悩むおうちの方もいるかもしれませんね。

「どんなふうにサインを出しているのかわからない」

「サインを見つけても、どう接したらいいのかわからない」

「本人にきいても、なかなか話してくれない」


本書では子どもが何を抱えているのか、おうちの方が把握できるようになることを目指します。

第1章では、まず「子どもの心」についてお伝えします。

子どもの心がどう育っていくのか。

強い心を育てるには何が必要なのか。

最近の子どもたちは心や体にどんなモヤモヤを抱えているのか。

保健室に来る子どもたちの様子をおうちの方に知ってもらいたいと思います。

chapter 1

子どもの心を知る

「心が強い」ってどんなこと？

心はどこにある？

そもそも、心はどこにあるのでしょうか。

実はこれ、小学校5年生で学びます。おそらく多くの方が覚えていないですよね？　**心は大脳にある**のです。だから「心を強くする」というのは、科学的には「大脳を発達させる」という意味を持ちます。

大脳の発達には、感情を揺さぶる体験や経験が重要です。また、価値観の異なる他者と協働する活動をしたり、読書や学習を通して新たなことを知ったりすることで発達が促されます。

労働経済学者のジェームズ・ヘックマンは、幼児期の非認知能力の重要性を伝えた方です。彼は幼児期に強い心を育むと、成人後も社会的な成功や健全な生活につながると伝えています。

小学校時代の過ごし方が、大人になってからの人生にも影響を与える可能性があるのです。

心が強いとは何か？

では、心の強さとは何を指すのでしょうか。

自分の感情をコントロールすること、他者と上手に付き合うこと、柔軟に発想すること、主体的に取り組むこと、粘り強く最後まで続けること、失敗から立ち直ることなどが挙げられるでしょう。

さらに、ストレスへの適切な対処法を知り、穏やかな精神を保てることや失敗などで負ったダメージをリカバリーする力を持っていることでもあります。

これらの力は現在注目されている、非認知能力にも通じる力だと言えるでしょう。

非認知能力とは、ＩＱや偏差値など、数値で明確に認知できる力ではないけれど、子どもの将来や人生を豊かにするために必要な意欲や忍耐力などと定義されています。

心を強くすることは、この非認知能力を高めることでもあるのです。

強い心には何が必要？

では、大脳を発達させるため、つまり非認知能力が高い「強い心」を育むためには、具体的に何が必要なのでしょうか。大きく分けて3つあります。

①おうちの方が子どもの「帰ってこられる場所」となること

お父さんお母さんはどんなことがあっても自分の味方でいてくれる存在だという安心感を持つことで、子どもは自分を肯定し、挑戦する力を持つことができるようになります。

そのためには、おうちの方が**普段から子どものことをよくみる、よくきくことが大切**です。

②子どもの好奇心を大事にすること

子どもは気分によって、いたずらをしたり、やるべきことをしなかったりします。

そんな態度にイライラしてしまうかもしれませんが、子どもの興味関心を大事にして見守ってほしいのです。そして、**子どもが自分の興味関心を見つけて伸ばすお手伝いをしてほしい**と思います。

ただし、危険がある場合はすぐに注意をしてくださいね。

③自分の得意なことと苦手なことを認識すること

自分の弱さを認識していないと、人は強くなれません。

これは決して、「弱さを克服しなければいけない」という意味ではなく、自分の弱さを理解して、それを乗り超えたり、補ったりするために、どう工夫したらよいかを考えることが大切ということです。この考える過程で思考力が養われます。

そして、**弱点を補うために、主体的に調べたり人に協力してもらったりする中で、強い心が育っていく**のです。

この3つを軸に、子どもと接することで強い心を育てていくことができます。

その他、健康な体をつくることがベースにあり、とても重要です。

心の成長を妨げるのは？

日常生活の中で、子どもたちは心にモヤモヤを抱えることがあります。
そして、**モヤモヤの正体がわからず苦しむことが多い**のです。

なぜ、子どもは自分のモヤモヤが何か把握することができないのでしょうか。

個人差はありますが、**小学生は自分の気持ちを表現したり、自分の身に起きていることを伝えたりするだけの語彙力や言葉による表現力を十分に持っていない**ことが一つの大きな要因でしょう。

だからと言って、受けとる側の大人がせかしたり、さえぎったり、否定したりすると、心のモヤモヤを押し殺したり、別の形で表現しようとしたりします。

モヤモヤの正体はさまざまです。いろいろな調査結果を見ると、子どもは「親子間のトラブル」「きょうだいへの不満」「担任の先生についての悩み」「勉強への不安」

などを抱えていることが多いようです。ときには、複数の問題が絡み合っていることもあります。

常にモヤモヤを抱えたままでは、心は強く育ちません。勉強や遊びに集中できず、何にも興味が持てない。そんな状態が続いているのは、心の発達上問題です。

モヤモヤを解決する力を身につける手伝いを周りの大人が行わなければいけません。まずは、**子どもにじっくり向き合う**こと。焦らずせかさず、少しずつ絡み合った感情の糸をほどいていくことが必要になります。

chapter 1

子どもの心を知る

子どもが抱える
いろいろな
心のモヤモヤ

子どもたちが保健室を訪れる理由

子どもたちはときどきモヤモヤを抱えて、保健室を訪れます。

なぜでしょうか？

それは、**保健室の先生が、子どもたちの周りにいる大人と少し違う存在だから**です。

子どもが接する多くの大人は子どもに対して何らかの「評価」をする存在です。

例えば、教室では担任の先生によって、成績という評価が与えられます。家でも、手伝いや片付け、きょうだいの面倒がみられるかなどの基準によって、「いい子」かどうか、評価されていると言えるかもしれません。

でも、学校の中で保健室の先生だけは子どもを評価しません。保健室では成績がいいかどうかも、いい子かどうかも関係ないのです。訪れれば、ただ「どうしたの？」と自分を気にかけてくれる。だからこそ、子どもが本音を語りやすくなります。

とはいえ、すぐに胸の内を全て話してもらえるというわけではありません。子どもに「信頼できる大人」だと認識してもらうことが必要です。これには少し時間がかかります。

さて、保健室に来る子どもの中には、育児放棄にあっているような子もいます。こうした子どもに、いきなり「どうしたの?」「ごはんは食べている?」などと尋ねても、なかなか口を開きません。

子どもの心は「自分の話を信じてもらえるか」「受け止めてもらえるか」「解決を手伝ってくれるか」といった不安でいっぱいなのです。「この人に言っても大丈夫かな?」と一生懸命考えています。

相手の大人が警戒されているうちは、子どもは自分の心の内を明かしてくれません。**本当の気持ちを話してもらうには、まず子どもに「この人には何を話しても大丈夫」と信頼されなければならない**のです。

だから、保健室では子どもとの信頼関係を築くコミュニケーションや環境づくりをとても大事にしています。

両親の教育方針のちがい

私が勤めている東京都内の小学校では中学受験をする子が多くいます。保健室で子どもたちの話をきいたり、担任の先生から教室での子どもたちの様子をきいたりしていると、**子どもたちが抱える勉強へのプレッシャーは、私たち大人が想像しているよりも、ずっと大きなもの**のように思います。

ある中学受験を考えている子が「元気が出ない」と保健室に来るようになったことがあります。少しずつ話をきいていくと、元気が出ない原因は家庭環境にあることが見えてきたのです。

お父さんは「好きな野球を続けながら、中学受験のための進学塾に通った方がよい」という考えでした。一方で、お母さんはこの子の適性を見て「進学塾はやめて、野球を楽しめばいい」と言っていました。自分のことでぶつかり合うお父さんとお母さんとの間で、その子はどうしてよいかわからなくなっていたようです。

心のモヤモヤはあるけれど、何から、誰に、話してよいかわからない。そんな状態だったのですね。

私はゆっくり時間をかけて、子どもから「どうしたいのか」をきき取りました。そのうち、その子はきちんと自分の気持ちを両親に伝えることができ、すっかり元気になりました。

モヤモヤ解消のためには、まず子どもを心で「みる」ことと、そして子どもの思いを「きく」ことが大切です。こうしたステップを経て、モヤモヤのもとを探し、解消へ向けて行動を起こしていく。そのためには、大人の手助けが欠かせません。

加減がわからない

保健室に来る理由として、一番多いのがケガ。不注意やケンカで負傷した子どもが来室します。私は日々そうした子どもの手当てをしています。

患部を確認し、子どもから話をきいて適切な処置を行います。骨折など、病院に行かなければならないケースはおうちの方に連絡を取って対処します。

基本的に、教師は学校で子どもに触りません。わいせつ行為や体罰をしたと疑われるからです。

ただし、保健室の先生はケアのために脈を取ったり、包帯を巻いたりする際に子どもの体に触れざるを得ません。だから、学校で子どもに触れることが許されているのは養護教諭だけなのです。

最近の子どもたちの間のトラブルを見ていると、加減を知らない子が増えているように感じます。友達とケンカしてついやりすぎてしまう。ちょっとしたおふざけのつもりだったのに転ばせてケガをさせてしまう。言いすぎて傷つけてしまう。

以前、泣きながら保健室に来た子がいました。顔から血が出ていて、よく見ると、ひっかき傷のようでした。とりあえず、座らせて落ち着かせ、話をきいてみると、どうやらゲームをしていて、その子が勝ったことに腹を立てた相手の子にやられたらしいのです。

最近の子どもは、きょうだいげんかをしなくなったことや、保育園でケンカをしても大人がすぐに止めに入るようになったことなどから、我慢や加減がわからなくなっていると感じます。

もちろん危険なことは止めなければいけないのですが、どんな行為がどれくらいのケガにつながるのか。そうした加減がわからないまま、体が大きくなっていることは問題だと思います。

大きなケガが多い

２０２０年４～５月は新型コロナウイルスの影響により、全国で小学校も休校になりました。

二カ月間の自粛生活後の健康診断では、見た目にも太った子どもが目立ちました。

実際、健康診断の一覧表やカードに「肥満傾向」とゴム印を押された子どもも増えたのです。体重の増加は肥満細胞が肥大化しやすい４年生が最も多いという結果となりました。

最近は運動経験が不足していることから、ちょっとした転倒で骨折などの大きなケガをしてしまう子が少なくありません。**骨の強化には、カルシウム摂取と日光を浴びることが重要**です。

今回の健康診断の結果は、休校によって給食の牛乳が飲めなくなったこと、体育の授業がなかったことが原因とも考えられて、今後子どもたちの健康に大きく影響すると思われます。

子どもの頃から体を動かす習慣がなければ、大人になっても日常的に運動する可能性は低い。その結果、成人病などにつながり、健康維持の大きな課題となるでしょう。

運動を習慣化するため、学校では夏休みや冬休みの長期休業中に「ラジオ体操」や「縄跳び」のチェック表を配ります。

面倒くさいと感じていたおうちの方もいるかもしれませんね。

ラジオ体操の時間になっても起きてこない。できるようにならないとすぐに諦めてしまう……。子どもがなかなか課題をこなさず、困っている方もいることでしょう。

でも、**楽しく続けられる仕組みがあると、自然と習慣になります**。続けられると達成感も生まれます。学校で行われてきたメソッドを、家庭でもアレンジして取り入れていきましょう。

教室に行けない

卒業式直前になって保健室登校になった子がいました。私は卒業式をみんなと迎えられないのはかわいそうだと感じ、何とか教室に戻れないかと考えていました。

保健室に来た当初、彼女は教室に行けない理由を全く語りませんでした。そこで、勉強や折り紙をさせながら、少しずつ関係性を築いていくことにしたのです。

そのうち、ポツリポツリと話し始めました。

話の中で、彼女が教室に行けなくなったのは、担任の先生が怖くなってしまったことに原因があるとわかりました。一度忘れ物が多いことを咎められたことで、怖いと感じるようになったようです。担任の先生に悪気はなく、忘れ物が多い彼女を心配し、良かれと思っての指導でした。

彼女の恐怖心をどう払拭するのか。これは難しい問題でした。

担任の先生が直接その子に働きかけることはマイナスになるかもしれません。相談の上、仲がよかったクラスメイトを保健室に呼ぶことにしました。その後、何度か仲のよい友達と保健室で遊ぶうちに、友達から「一緒に教室行かない？」と誘われ、少しずつ戻れるようになりました。

頭ごなしに「担任の先生はあなたのことを考えたのよ！」「いいから教室に戻りなさい！」などと言っていたら、その子の足は教室から遠のいたままだったでしょう。子どものモヤモヤの奥にある感情をききとれたからこそ、教室復帰ができたのだと思います。

こんなふうに、**身近な大人に心を打ち明けることをきっかけにして、子どもの心は回復に向かっていきます**。子どもは心で触れ合おうとすることで話してくれます。口だけで一方的に話そうとしてもうまくはいかないのです。

解決を急ぐと、子どものペースではなく大人のペースで語らせてしまいがちになるでしょう。

でも、子どもの心は成長の途中にあること。言葉で表現するのには時間がかかることを踏まえて、子どもと接していくことが大切です。

第１章のまとめ

❶ 科学的には、「心が強い＝大脳の発達」

❷ 心が強い＝非認知能力が高い

❸ 非認知能力を高めるには「安心感」「好奇心」「得手不得手の認識」が必要

❹ 心のモヤモヤは心の成長を妨げる

❺「評価しない」大人には、モヤモヤを吐き出しやすい

第2章

子どもの心を「みる」

子どもは親に「もっとみて！」ほしい

第2章では、「子どもをみる」ときのポイントについて、お伝えしていきます。

心にモヤモヤを抱える子は、いろいろなサインを出しています。

上履きのかかとを踏んで歩いたり、遅刻をしたり、腹痛や頭痛を訴えたり、どこにもぶつけていないのに「体が痛いからシップを貼ってほしい」と言ったり……。こうした行動は、全て自分のことを見てほしいという気持ちから生じるものです。

子どもには、おうちの方に「みられている」という安心感が非常に重要なのです。

小さな子どもは特に「みて！　みて！」と大人の気をひこうとしますよね。それが根本的な子どもの欲求です。体は大きくなっていきますが、「親に気にかけてほしい」という子どもの心はずっと変わりません。構ってもらえるということが子どもの心が育つための「栄養」となるのです。

ただ、おうちの方も仕事や家事で忙しい日々を送っていると思います。仕事が忙しかったり、下の子に手がかかったり、介護をしていたりする方もいるでしょう。

私自身、保健室の先生をしながら、年子の兄弟を育て、義理の両親の介護も経験しました。それはそれは、目が回るくらい忙しい日々でした。だから「なかなか時間が取れない」という方のお声にも共感します。

でも、子どもたちの成長に待ったをかけることはできません。

忙しい手を止めて、ほんの数分、子どもの様子を見てもらえたらと思います。

第2章では、忙しい中でも、最低限みてもらいたいポイントをお伝えします。

chapter 2

「みる」のコツ

おうちの人がみていることで子どもは安心する

小学生になってからこそ、よくみる

子どもが保育園・幼稚園へ通っている頃は、幼いため心配なことが多く、おうちの方もよく子どものことを気にかける傾向があります。

でも、小学校に入ると、ホッとひと安心してしまう方がとても多いように思います。「小学生になったから、もう大丈夫ね」とどこかで思ってしまい、子どもにあまり関心を向けなくなるのです。

とはいえ、**小学生の子どもにはまだまだ一人でできないことがたくさんあります**。クラス替えなどの環境の変化に戸惑いや不安を感じることもあるでしょう。

そうした子どもの気持ちに寄り添うことが大切です。

特に、きょうだいがいる場合には**一人ひとりの様子を意識して見ましょう**。子どもがモヤモヤを抱えているサインを見つけるためです。

また、子どもは「自分一人をみてくれている」と感じることで安心できます。きょうだいみんなで一緒の時間を過ごすだけでなく、数分ずつでも、一人ひとりに時間を取ってあげてくださいね。

子どもはおうちの方をよくみている

子どもをみる話の前に「子どもが親をよくみている」という話をさせてください。

家の中や外出先で、子どもに対してこんなふうに思うことはないでしょうか。

「もう、何でこんな忙しいときに話しかけてくるの！」

大人は予定外の子どもの言動にイライラしてしまいがちです。

そんなとき、案外子どもはおうちの方のことをよく観察しています。「怒っていないかな」「今日は機嫌いいかな」「今なら話を聴いてくれるかな」と顔色を見ているものです。

読者の方にも、子ども時代に「お母さん、悲しそうだな」「お父さんとお母さん、ケンカしたのかな」などと感じた記憶があるのではないでしょうか。

大人が思っている以上に、子どもはこちらの様子を見ています。そうして、**話をす**

る機会をうかがっています。大人が自分の目をみて、耳を傾けてくれるのを待っています。

大人のまなざしを感じることで、子どもは安心できます。自分の気持ちも話しやすくなるのです。そんな子どもの視線に気づいてほしいと思います。

保健室から生まれた「6つのみる」

私は30年にわたる養護教諭の仕事の中で、**「6つのみる」**を大切にしてきました。子どもたちの小さなサインを見逃さないための「みる」ポイントです。

①教室全体を「見」わたす
②一人ひとりの様子を「観」る
③アレっと思う子を少し詳しく「視」て
④何かあったかな……と「診」る
⑤何か手伝わせながら声をかけて「看」る

⑥深刻ならば「相」る時間をつくる

私は担任の先生方にもこの「6つのみる」を伝えてきました。

担任の先生は、朝一番に教室に入ったら、子どもたちの健康観察をしています。「変わったことはないかな?」「体調が悪い子はいないかな?」と毎日「みて」います。

そうした先生方の「嗅覚」を精緻化したのが、「6つのみる」です。担任の先生と保健室の先生で「みる」目線が揃うので、子どもたちの健康不良やトラブルによく気づくことができるようになります。ご家庭でも共有してもらえたらと思います。

また、**「みる」と「きく」は地続き**です。意識的に分ける必要はありません。むしろ、あらゆる五感を駆使して子どものことを感じ取ってほしいのです。

でも、そのアドバイスではあまりに漠然としていますよね。そこで、第2章では「みる」、第3章では「きく」に主軸を置いてお話をします。

では、一つずつ「6つのみる」のポイントを説明していきましょう。

chapter 2

「みる」のコツ

まずは子どもの様子をよくみる

①教室全体を「見る」

一つ目の「みる」は**全体を把握する**という意味での「見る」です。

先生は朝、教室に入ると教室全体を見渡します。このとき、子どもの様子はもちろんのこと、教室が子どもの生活にとって安全か、学習環境として適切かも見ています。例えば、床に物が落ちていたり、ロッカーから体育着袋のひもが出ていたりするなどの危険はないか、災害が起こったときは教室の壁にヒビが入っていないか。

教師は教壇に立って話をする前に、そんな視点で教室をぐるりとチェックしています。

家庭ではおうちの方が朝出かける前や夜帰宅したときなどに、次の点をチェックしてみてください。

①子どもにとっての危険が潜んでいないか

まずは**安心して暮らせる環境を整える**ことから始めましょう。気づかないところに危険が隠れていることもあります。電気器具の漏電《ろうでん》の危険性などを発見したら、すぐに解決しましょう。

②規則正しい生活を実践しやすい環境になっているか

家の中が子どもにとって、入浴や歯みがきなどの**基本的な生活習慣を実行しやすい空間になっている**でしょうか。

洗濯物で足の踏み場もない。シャンプーや歯ブラシ、ティッシュなどの替えがない。手の届かないところに爪切りがある。そうした状況では「したくてもできない」「片付けから始めないといけないから面倒くさい」という気持ちになり、最低限必要な習慣すら身につかないでしょう。

子どもの目線に合わせて、すぐ取りかかれる環境に整えてください。

③学習にふさわしい環境になっているか

②と同様に、部屋の中が散らかっていたり、鉛筆や消しゴムなどが揃っていなかっ

①「見る」のチェックリスト

①自宅に子どもにとって危険なことが潜んでいないか

【足元】
□コタツやストーブのコードは導線が飛び出していないか
□タコ足配線になっていないか
□子どもの導線に、足に引っかかりやすいもの・滑りやすいもの・足の裏に刺さりそうなものはないか

【頭上】
□家具・電化製品は固定されているか
□棚の上にものを積みすぎていないか

【キッチン】
□包丁などの刃物は出しっぱなしになっていないか
□ガラスの食器など割れやすいものは子どもの手の届かないところにあるか
□食器棚の扉は災害時にあかないようになっているか

【お風呂】
□剃刀が置きっぱなしになっていないか
□ぬるつきはないか
□カビは生えていないか

②規則正しい生活を実践しやすい環境になっているか

□爪切り・歯ブラシ・耳かき・綿棒などは子どもの目に入る、手の届く範囲にあるか
□衣類は取り出しやすいか
□トイレットペーパー・歯磨き粉・ティッシュペーパー・生理用品などの生活用品は足りているか

③学習にふさわしい環境になっているか

□勉強机やリビング・キッチンのテーブルの上に、学習のための十分なスペースがあるか
□おもちゃなど余計なものが近くにないか
□足りない道具・壊れている道具はないか

たりしては、勉強したくても取りかかれません。**「勉強しなさい！」と言う前に、環境の整備が必要**なのです。

①〜③を見るとき、**パッと見てわかるような子どもの異変がないか**もチェックします。教室では、起立の号令に立ち上がれていない子はいないかなどを見ています。ご家庭では、子どもが朝ちゃんと起きているか、宿題を済ませたか、夜更かししていないかなど、その日の様子をざっくりチェックしましょう。

②一人ひとりの様子を「観る」

次に、先生は出欠を取る際に、クラスの子どもたちを一人ひとり「観」ます。**他の子と比較するのではなく、表情や行動が「いつものこの子と違う点はないか」という視点で確認していきます**。少しでも「気になるな」と思うところがあれば、覚えておきます。

家庭でも、子どもがいつもと違う表情や行動をしていないか確認しましょう。きょうだいがいる場合は、複数人を一緒に観察しようとするのではなく、一人ひとりしっかり観てください。大きく2つの点に注目します。

①「らしく」ないことはないか

子どもの様子は**いつも通り**でしょうか。「普段は帰ってきたらすぐ話しかけてくるのに、今日は全然話しかけてこない」「いつも夕飯をきれいに食べるのに残している」「笑顔が少ない」など、いつもと違う表情や行動がないか確認しましょう。

②声かけへのリアクションに変化はないか

「お風呂に入りなさい」「食器を持ってきて」と言ったとき、反応がなかったり、嫌がるそぶりをしたり……。**いつもはすんなりやってくれることに対して、異なるリアクションが返ってくる場合には要注意**です。

頭ごなしに「何で今日はやらないの！」と言いたくなるかもしれませんが、ちょっと待ってください。「いつもすぐやってくれるのに、どうして今日は返事もしてくれ

②「観る」のチェックリスト

①「らしく」ないことはないか

【朝】
□「おはよう」の挨拶をしない
□なかなか起きてこない
□眠そう（あくびをしている）
□顔色が悪い
□頭痛、発熱、吐き気を訴えている
□トイレにいる時間が長い（便秘、下痢、嘔吐など）
□身支度を整えられない（だらしない格好、持ち物を忘れる）
□朝の準備の時間に余裕がない
□朝のリズムに乗れない

【食事】
□ごはんの時間に食卓についていない
□食べるスピードが遅い
□いつもより食べる量が少ない
□好物をのこしている
□口数が少ない

【帰宅〜夜】
□「ただいま」「おかえり」の挨拶がない
□部屋に直行したきり出てこない
□なかなか寝ない
□ずっとテレビを見ている
□鞄や衣類が床に置きっぱなし
□スマートフォンを長時間触っている

②声かけへのリアクションに変化はないか

【あいさつをしたとき】
□返事がない
□やたら明るい
□ぶっきらぼう
□声が小さい

【お願いしたとき】
□無視される
□やりたがらない
□あれもこれもやろうとする

ないのかな？」と立ち止まり、子どもの様子をよく観て、何があったか考えてみてください。

逆に、こうした声かけを普段からしておくことで、子どもの変化に気づくことができると言えるでしょう。

③アレッと思う子を少し詳しく「視る」

先生は教室の子ども全員を見た後に「あれ？」と思った子に目を戻します。

そして、その子のことをじっくり「視る」。「顔色が悪いみたい」「ちょっと目が腫れている？」「キョロキョロと落ち着きがないわね」といった**具体的な不調の兆しをみつけます**。

家庭では**子どもの心と体の様子に注目**してください。何か心配な症状はないでしょうか。体→心の順で、違和感のある点をじっくり視るようにしてください。

①体の不調はないか

顔色が悪かったり、体のどこかをかばっていたり……。**体調が悪い様子はないか、ケガをしている様子はないか**探しましょう。

子どもは体調が悪いことをうまく、おうちの方に伝えられないことがあります。大人だったら病院で「熱っぽい」「体がだるい」と言えますが、子どもはそうした細かな症状を表現することができません。普段から子どものことをよく視ておくと、異変を察知しやすいでしょう。

体の不調は心の不調からくるものが多いものです。早めに小さな不調に気づき、対応する必要があります。

②心の不調はないか

子どもがいつもと違うリアクションをするときは、何か意味があるものです。声かけに対して反応が薄いのは「心ここにあらず」の状態なのかもしれません。あるいは、つっけんどんな返事ならば、何かにイライラしている。ため息が多ければ、落ち込んでいるのかもしれません。

子どもが今どんな気分なのかよく視てください。

③「視る」のチェックリスト

①体の不調はないか

□顔色の変化はないか(赤っぽい・青っぽい・黄色っぽいなど)
□目はしっかり開いているか
□姿勢は悪くないか(左右前後に傾いていないか)
□どこか押さえたりさすったりしていないか
□口数が少なくないか
□声が小さくないか
□呼吸は苦しそうにしていないか

②心の不調はないか

□怒っている
□悲しそう
□ぼーっとしている
□大人しすぎる
□やたら明るい
□情緒不安定

chapter 2

「みる」のコツ

「みる」から「きく」へつなげる

④何かあったかな？　と「診る」

学校の中では、ここから保健室の先生の領域になります。子どもの体に触れることが許されているのは学校内では保健室の先生だけなのです。

また、ここからは「みる」だけでなく、「きく」の要素も入ってきます。子どもの話をきくときの心がまえや注意点、具体的なテクニックなどは第3章で紹介します。

ここでは、ききながら何をみるべきなのかを中心にお伝えします。

③で具体的な違和感が視えてきたら、別途「診る」時間を設けましょう。

学校では休み時間や係の仕事をしているときなどに、いつもと様子が違う子に対して「○○ちゃん、何かあった？」「元気？」と、最初はあまり深刻になりすぎないように注意しながら質問をします。

保健室では、問い詰めるような形にならないよう、5W1H（誰が、いつ、どこで、何を、なぜ、どのように）を尋ねる「問診表」を使用して、子どもが当てはまる項目に○をつければ回答できるようにしています。

そして、**子どもが問いに答えているときの反応を「診」ます**。「診る」は「問診」や「診断」などに使う漢字ですよね。ここでは「問診」によって、**子どもの非言語メッセージ（声のトーンや表情、行動の様子）を診る、回答の内容から子どもの現状を知ることが大切**です。

子どもの現状がわかれば「見立て」（予想から診断へと向かうワンクッションのこと）ができます。

家庭でも、子どもの態度や様子に違和感を覚えたら、まずはそれとなく子どもに理由を尋ねてみましょう。

「どうしたの？」「何かあった？」「疲れている？」「どこか痛いの？」といった質問をしたときに、ヘンに明るく振る舞おうとしていないか、話をそらそうとしていないか。黙り込んだり、キョロキョロしたり、オドオドしたり、目線をそらしたりしていないか、などなど。

声をかけながら、そのとき子どもがどんな反応をしているか、様子を観察します。

すぐには返事がないかもしれません。そのときは、しつこく質問するようなことはせず、「つらいなら言ってね」「話したくなったら言ってね」など、待っている姿勢を見せましょう。

ただ、**すぐに病院へ行く必要があるかどうかだけはしっかり確認します**。

体に不調があることがはっきりしている場合には、痛みや違和感を訴える部位を確認してから、原因をきいてください。擦り傷やアザなどのケガを発見したら観察しつつ、なぜそうなったのかを尋ねてください。どこかに打ちつけたのか、何かで切ったのか、ヤケドしたのか、などなど。

「いつ誰にやられたのか」などは答えにくく、やりとりに時間が長くかかる可能性があるのでこの段階では尋ねなくていいでしょう。治療や病院へ行くべきかどうかの判断に必要なことだけ確認します。

頭痛や腹痛など目に見えない不調なら、どのあたりが痛むのか、どんなふうに痛むのかなど、具体的な場所や症状をききましょう。それから、何か痛みの心当たりがないかもきいてみます。

いずれにせよ、深刻になりすぎないよう、冷静に話をききます。大人が過剰に反応すると、子どもは話しにくくなってしまいます。

もちろん、話をきいているうちに症状が悪化するようなら、すぐに病院へ行きましょう。


このとき、一つだけ注意すべきことがあります。

小学校高学年の子どもへの対応です。

特に、**5〜6年生の男子は誰かに体を触られるのを極端に嫌がる傾向があります**。大人の男性へと成長していく中で、自身のテリトリーへの意識がとても高まる時期だからです。

保健室で応急手当てが必要なときでも、相手が高学年男子であれば「手当てをするから触っても大丈夫？」と私は必ず許可を取ります。その一言なく触れば、全力で拒否反応を示すことがあるからです。

男の子のこうした傾向は、発達段階の一過程で正常なものです。自分の住む世界をつくろうとしているのです。

おうちの方にとって、我が子はいつまで経っても「幼くかわいらしい存在」かもしれません。でも、子どもたちの心と体は日々成長し、大人へと近づいています。それにもかかわらず、異性の保護者が高学年の子どもに対して、保育園や小学校低学年の頃と同じようにスキンシップを取ろうとすると嫌がられてしまいます。

高学年の子どもの様子をみるときや話をきくときは、テリトリーに入りすぎないように注意してください。子どもがスキンシップを求めてきたとき以外、許可なく触るのは止めましょう。

問診によって、子どもは自分に向き合ってくれたと思い、ゆっくりと安心した振舞いに変わっていきます。**子どもの非言語メッセージから子どもが穏やかさを取り戻しているか**、確認しながら診るようにしましょう。

P61に、保健室で使用している問診表を家庭でも使えるシートにしたものを掲載しています。問診のときの参考にしたり、子どもが話しにくい様子のときにはチェックをつけてもらったりするなど、いろいろな方法で活用してみてください。

④「診る」のチェックリスト

非言語コミュニケーションのチェック

【いつから調子が悪くなりましたか?】
朝(:) 昼(:)夜(:)

【体の様子はどうですか?】
痛みがある けがをした だるい 気持ちが悪い 吐き気がする 熱がありそう かゆい ほっしんが出ている 息苦しい めまいがある 疲れている

【痛みや気持ち悪さを感じるところはどこですか?】
頭 おなか のど 手 足 顔

【ゆうべは何時に寝て、今日の朝は何時に起きましたか?】
寝た時間(:)起きた時間(:)

【ゆうべはよく眠れましたか?】
よく眠れた 眠れなかった(途中で起きた・寝つけなかった・嫌な夢をみた)

【朝ごはんを食べましたか?】
食べた
(食べたもの:ごはん パン 肉 野菜 飲み物)
(食べた量:しっかり食べた あまり食べられなかった)
食べなかった
(おなかがすいていなかった 時間がなかった いつも食べない)

【給食は食べましたか?】
全部食べた 半分食べた 少し食べた 食べていない

【朝うんちが出ましたか?】
出た(ふつう 柔らかい 下痢 硬い)
出なかった(昨日から出ていない おとといから出ていない しばらく出ていない)

【心配なこと・つらいことがありますか?】
ない
ある(家族のこと 友達のこと 先生のこと 勉強のこと 自分の体のこと 習い事のこと その他)

【最近の気分はどうですか?】
ウキウキ ワクワク スッキリ ふつう おだやか やる気が出ない イライラ 頭にくる さびしい 怖い 落ち着かない 悲しい

【今の気分はどうですか?】
元 気 ←――――― ふつう ―――――→ つらい

⑤何か手伝わせながら声をかけて「看る」

ここでの「看る」は、「看護」の意味です。**心身ともに子どもの健康を取り戻すために、ケアをしていきます**。

体の不調やケガの場合は、消毒したり、温めたり冷やしたり、寝かせたり、適切に対処します。病院へ連れていくこともあります。

問いかけに対する返事があいまいな場合や、緊急性がなさそうなときには、精神的な不調による可能性があります。そうしたときには、寄り添う態度で、さらに詳しく話をききます。私はよく子どもに「ちょっとしたお仕事」をお願いして、**一緒に何か作業をしながら、会話を重ねる**ようにしています。

まずはケアに専念することが大切です。家庭でも「保健室」のような安心できる空間を演出し、次のようなケアを行ってください。その際、症状が改善されているか、子どもがちゃんとリラックスできているか、様子をみながらケアしましょう。

子どもが安心できる空間については、P122以降で紹介します。

①優しく声をかけながら手当てをしたり、薬を飲ませたりする
②笑顔をみせる
③本の読み聞かせをする
④呼吸しやすい体位を取らせる、一緒に横になって話をきく
⑤食べ物を口まで運ぶ
⑥毛布などで体を包んで温める
⑦温かい飲み物を与える
⑧眠れない場合には、寝具を交換する

家庭では病気やケガの状態をみても、適切な判断や対応をするのが難しいこともあると思います。その場合には、普段の様子と比べて、症状の軽減を推し測りましょう。そこまで症状が重くなく、不調の原因が特定できたときは、常備薬を飲ませたり、絆創膏を貼ったり、休ませたりするなどして様子をみます。それでも改善されなければ、

病院へ連れていきましょう。

もし、子どもが精神的なストレスを抱えているようなら、ちょっとした家事などを一緒に行いながら、いろいろな話題を振ってみてください。一緒に料理をしたり洗濯物を干したりしながら、コミュニケーションを図りましょう。

「診る」では、子どもが自ら話すまで待つとお伝えしましたが、自分から詳しい症状や理由を言い出せない子も少なくありません。作業の中でいろいろな話をして、打ち明けやすい雰囲気をつくっていくことが大切です。

リラックスしている様子がみえたら、少しずつ核心に触れていくようにしてくださ い。もちろん、体調が悪い場合は、まず休ませましょう。

ケアしているときに子どもが話し始めたら、子どもの言動や態度を責めたり、否定したりすることは厳禁です。もし危険なことをしてケガしたことや子どもに非があることがわかったとしても、叱るのは元気になってからにしましょう。

⑤「看る」のチェックリスト

非言語コミュニケーションのチェック

【表情】
□リラックスしている
□笑顔が出てきた
□泣き出した
□表情が硬い
□下を向いてもじもじしている
□暴言を吐く
□むくれている・すねている

【声のトーン】
□明るく元気がいい
□重く沈んでいる
□とげとげしい・よそよそしい
□沈黙・無視

【行動】
□楽しそうに作業している
□手を止めてぼんやりしている
□しきりに話しかけてくる
□周りを気にしている
□静かに集中している
□手伝いや遊びをしようとしない

⑥深刻ならば「相る」時間をつくる

最後の「みる」は、**きちんと子どもが相談できる時間をつくる**ということです。

学校では授業中に、暴れたり激しく泣き出したりする子どもがいたら、他の子に「自習しておいてね」と言ってでも、場所を移動し、時間を取って、その子の話に耳を傾けます。そして、問題の原因や解決方法に自身で気づけるように導いていきます。

必要ならば、おうちの方と話をすることもあります。**子どもの心や体の不調は学校だけでは改善できません**。学校と家庭が連携し、相談の上、治療方針や改善策を探っていくのです。

家庭においては、日常のお手伝いや食事の時間以外に、子どもからの相談に耳を傾ける時間を設けましょう。このとき、子どもと親以外いない場所や状況が理想です。一人としっかり向き合える、散歩や入浴中に話をきけるとよいでしょう。

また、子どもはふいに核心について話し出すこともあります。その際には「チャンス！」と思って、耳を傾けてください。このとき、注目すべき点が3つあります。

①非言語メッセージ

話をしているときの子どもの声のトーンや表情、行動をみましょう。

②緊急性と緊迫度

子どもの話の内容から、抱えている問題の緊急性・緊迫度を判断します。学校でいじめを受けている、リストカットをしているなど、生命に関わる危険性や緊迫度が高い場合は、すぐに解決へ向けて動き出しましょう。

③どこへつなぐべきか

子どもの話の内容や話している様子から、学校や病院、その他の機関のどこへ相談すべきか考えます。

そして、「相る」ときは次のことを順番に行いましょう。

①子どもの申し入れ（相談）を後回しにしないで受け付ける

子どもの時間軸と大人の時間軸は違います。**子どもには「今」しかない**のです。

子どもがせっかく話をしようとしたのに、「あとできくね」「今は忙しいから」と後回しにしてしまうと、子どもは「大人は自分の話をきいてくれない」と感じ、思いを打ち明けてくれなくなるでしょう。

また、そのときの思いや細かな経緯を忘れてしまい、後から尋ねても原因がわからず、問題を解決できなくなる可能性があります。

子どもが話を始めたら、すぐにきくか、なるべく早く時間をつくりましょう。

②相談内容の確認をする

何についての相談なのか確認しましょう。勉強のこと、友達のこと、体のことなどなど。問題を解決するためには大切なことです。

③子どものおかれている状況を詳しく知る

成績が落ちた、クラス替えがあった、いじめが起きている、持病に悩んでいるなど、悩んでいることについて、詳しくきいていきます。

④どんな助けを必要としているかきく

勉強の補習を手伝ってほしいのか、学校へ相談しに一緒に行ってほしいのか、病院へ連れて行ってほしいのか。子どもが望んでいることを確認しましょう。

⑤実行可能なことをアドバイスする

子どもの思いを確認できたら、**現時点で実行可能なことを提案しましょう**。勉強についての不安があるなら個別指導の塾へ行く、友達関係で悩んでいるなら話し合う機会を設ける、いつどの病院へ行くのか計画を立てるなど、話し合ってみてください。

⑥最終的な決断を促す

大切なことは、どのように問題を解決するのか、**子ども自身が最終的な決断を下す**ことです。子どもに原因や解決策を考えさせることで、理想と現実の折り合いの付け方を学び、セルフコントロール力を高めることができます。

⑦「自分で決めた」と認識させる

解決につながるアクションを保護者に「やらされた」と感じさせることなく、自ら決めたことなのだと納得させることが大切です。

例えば、保健室では「持病があり、服薬によって眠気を催すため、教室での学習が困難かもしれない」と悩んでいる子どもに対して、次のような声かけをしています。

「眠くなるまではみんなと教室で頑張ってみる？　どうしても無理そうだったら学習室か保健室で勉強してもいいし、一旦眠ってスッキリしてから教室へ戻るか決めてもいいね。あなたはどうしたい？」

このように、子どもの学びを止めない範囲で、いくつかの解決案を提示して、本人に選ばせます。おうちの方へも、教師が無理やりやらせているわけでなく、本人が納得し、自分で決めてから実行していることをお伝えしています。

おうちでは、たとえ小さな悩みであっても、子どもの気持ちが一度落ち着いてから、次のステップへ進むことをおすすめします。

⑧自立に近づける

今回相談してくれたことに「ありがとう」「よく言ってくれたね」などの感謝の気持ちと勇気をたたえる言葉をかけます。すると、その後も悩みや困ったことがあるときには、誰かに相談するクセがつくでしょう。

また、他にも相談できる相手や場所の見つけ方を一緒に調べたり考えたりすることで、大人になってからも一人で抱え込まず適切に他者を頼ることができるようになります。

繰り返しになりますが、モヤモヤしていることを言葉にするのは、時間がかかるものです。①～⑧の途中でつまずくこともあるでしょう。数時間どころか、数日かかることもあり得ます。

その場合も急かさず、子どもが打ち明けられるようになるまで、じっくり待ちましょう。**「いつでも話していいよ」という態度でいること、日常で小さなコミュニケーションを重ねることで、子どもはいつか話してくれる**はずです。

大人のペースで話をさせようとしても、子どもは自分の本音にたどり着けません。

おうちの方も忙しいと思いますが、子どもが困っているときは「相る」時間を最優先にしてほしいと思います。

chapter 2

「みる」のコツ

日常生活で子どもを「みる」4つのシーン

勉強しているところを「みる」

普段なかなか子どもの様子をじっくりみる時間が取れない。そんなときは**「ながら」で、子どもの状態に注目**しましょう。「ながら」でみる、シーンをご紹介します。

普段、子どもが勉強している姿をみているでしょうか。

高学年になると、自室で、一人で勉強している子もいるでしょう。成長するにつれて次第に一人で勉強できるようになっていきますが、低学年の子に「勉強しなさい！」とだけ言ってもなかなか難しいものです。勉強の仕方がわからなかったり、何に取り組んでよいかわからなかったりする子もたくさんいます。

そのため、**特に低学年の間は、リビングやキッチンなど目の届く範囲で勉強に取り組ませる**ようにしましょう。家事や仕事をしながら、その姿を見守ります。

「今日はどんな宿題があったかな？」

「漢字の書き取りをするんだね。じゃあ、ドリルと鉛筆が必要だね」
「音読の宿題か。じゃあ、お母さんここで聞いているね」

勉強を始める前には、こうした声かけをしてあげてください。

また、**勉強する姿を確認して、「順調に解けているかな?」「困っているところはない?」と時折話しかけてもよい**でしょう。うわの空で集中できていなかったり、暗い表情をしたまま筆が進んでいなかったりするようなら「何かあった?」ときいてみてください。

よく「勉強をみてください」というと「教えられないです」と言う方もいます。読者のみなさんもそう思っているかもしれませんね。

安心してください。勉強を教えてあげる必要はありません。**「どんな教材を使って勉強しているのかな?」「今、何の教科の宿題をしているのかな?」と関心を持って接することが大事**なのです。

おうちの方が子どもに対して無関心では、のびのびと成長していくことができません。過度な期待も禁物ですが、少なくとも関心を持ってあげなければ子どもは頑張る力が湧いてきません。過程を見ていないのに、「勉強しない」「成績が悪い」と子どもを叱ってしまうのはあまりにかわいそうです。

また「観る」でも述べましたが、勉強できる環境が整っているかも確認しましょう。勉強部屋がぐちゃぐちゃでは、机に向かう気になれません。リビングのテーブルが学習と関係ないもので埋まっていては、ノートや教科書を開くこともできないですよね。不要なものや勉強の妨げとなるものは目の届かないところに置きましょう。

毎日の学習を習慣化するには、スムーズに実行できるよう、**活動の場をきれいに整えておくことが重要**です。すぐにノートを開ける。本を手に取れる。そうした状況をまずはつくりましょう。

小学生のうちはまだそこまで気が回りません。おうちの方がサポートをしてください。

ただ、あまりに快適な環境をお膳立てする必要はありません。大人は「子どもを勉強に集中させよう。自分の部屋を与えて、静かな環境で……」などと思ってしまいがちです。

でも、人間の脳は勉強しようと思ってもなかなか集中できないものです。

お父さんお母さんの中にも、カフェなどの方が集中して本が読めたり仕事ができたりした経験をお持ちの方もいるかもしれませんね。これは、雑音があった方が脳の集中しようとする力が強まるからなのです。

「リビング学習」には、おうちの方の目が届くというメリットもありますが、**食事の準備の音や小さく流れるテレビやラジオの音など適度な雑音があることでより集中力が増す**のです。

また、私は室温にも気を遣っています。心地良すぎる温度にすると、眠くなってしまいます。少し危機感があった方が脳は活性化します。そのため、**室温は低めに設定して勉強などに打ち込みやすい環境をつくる**のです。

神経質になりすぎることはありませんが、音や温度など集中しやすい環境づくりを意識してみてください。個人差もあるので、子どもと一緒に勉強しやすい環境を考えてつくるのもよいでしょう。

勉強グッズのチェックも忘れずに。特に、**ランドセルと筆箱の中**は必ず確認してください。子どものランドセルを開けると、汚れたハンカチがそのまま入っていたり、教科書やノートが折れ曲がって入っていたり……ということがあります。

筆箱の中身も要チェック。鉛筆が短くなっている、消しゴムがないなんてことはザラです。筆記用具が揃っていないのは、勉強の前提が抜けているようなものです。

大人と違って、子どもは「足りないから自分で買い足す」ということができません。毎日は難しいかもしれませんが、**最低でも週に1回は子どもと筆箱の中身を確認し、学校で学習に集中できるように整えてください**。

子どもの持ち物に気を配っていると、ランドセルがずっしりと重いことにも気づきます。子どものランドセルは重いんです。特に、月曜日は持ち物が多いので大変です。小さい子だと後ろにひっくり返ってしまうくらい。

そんな重さを確認すると、子どもも毎日頑張っているんだなと感じるでしょう。子どもの苦労を知ることで、接し方や声かけの仕方が変わるはずです。

お手伝いの中で「みる」

面と向かった状態で、子どもを観察することは難しいものです。

特に、高学年になると子どもに「何でジロジロ見ているの？」と訝しがられたり、「見ないで！」などと文句を言われたりすることもあるでしょう。

そこで大事なのが、**何かを一緒にしながら「みる」こと**です。

おうちの方も忙しいでしょうから、お手伝いをしてもらいながらではどうでしょうか。料理をしたり洗濯物を干したりする中で、いつもと変わりがないかを確認する。

もし変わったことがあれば、「ん？　どうしたの？」などと話しかけてみましょう。

また、新聞を持って来る、食事の前後にテーブルを拭く、夜になったら玄関の電気を消す、鍵をかけるなど、**家の中で簡単な役割を子どもに与えておくことも大事**です。

「よろしくね」

「ありがとう」
「何かいつもと違うことあった？」

少しの役割でも、こうした一言をかけ、様子をみることを忘れずに。**いつもの行動ができていなければ、それがシグナルとなり、異変を察知できる**からです。

「いつもは何も言わずに夕食後テーブルを拭いてくれるのに、今日はボーッとテレビを観ている。学校で何かあって上の空だったのかな」などを感じ取ることができます。

ちなみに、我が家では子どもがお皿を洗ってくれていたので、その様子から「今日の調子はどうかな？」と確認していました。

食事中に「みる」

我が家では、基本的に食事は家族で取ることにしていました。夫と2人の息子、そして私。**食事中はテレビをつけず、家族の様子を「みる」**ことにしていました。夫がテレビをつけようとしたら、「家族の状態を確認する大事な時間だから！」と言って止めていましたね。

子どもが小学生の頃は、朝も晩も一緒に食べていましたが、中学校に通うようになってからは、部活動の朝練などが始まり、夕食だけになっていきました。それでも、夕食時には、友達や担任の先生との関係、クラスの様子や運動会など行事の話をしてくれました。

子どもの部活動の有無にかかわらず、両親が働いている家庭では、子どもは夕食のときくらいしか、一日の出来事を話すタイミングはないでしょう。もしかしたら夕食さえも一緒に取ることが難しいかもしれません。

そういう場合は、**週末やお休みの日に、一緒に食事をする時間を取る**ようにしましょう。そのときはたくさん話をきいてあげてください。食事のマナーが気になっても、そこは少し目をつむって。子どもの様子に目を向けましょう。

また、子どもが成長して、自ら話さなくなったとしても一緒に食事をする機会は必要です。「無言の会話」という言葉があるように、食事中は意外とお互いの様子を察しているものです。**夫婦で話している姿を見せるだけで子どもは安心**します。

それに、必ず学校の話をきかなければいけないわけではありません。「今日はニンジンが安かったから、このメニューにしたよ」「おいしいね」といった食事の内容についての話などでもいいんです。

食べる場を共有し、子どもの様子を「みる」こと、子どもに家庭が安心できる場であることを感じてもらい、話しやすい雰囲気をつくることが大切です。

お世話で「みる」

小学校低学年のうちは、お風呂に入る、爪を切る、服を整える、歯みがきをするといった基本的なことが一人ではまだ十分にできません。

日常のお世話の場を通して、子どもの様子をみてみましょう。

①口の中、耳の中、鼻の中をキレイにする

私は子どもの歯の専門家という顔も持っていて、『小学生のための歯のはなし』（WAVE出版）を出版しています。そんな私から見ると、今の小学生の歯の状態は「よ

い」とは言えません。ケアが行き届いていないことが少なくないのです。
子ども一人では、自分の口腔内を健康に保つのは難しいもの。「小学生になったのだから」と言いたくなる気持ちはわかりますが、やはりまだまだおうちの方の力が必要なのです。

小学生のうちは、歯みがきの習慣づくり（P196以降で詳しくお伝えします）と、子どもが磨いた後のチェックをしてください。

また、耳や鼻の中も同様です。
あるとき、保健室に「耳の聞こえが悪いようで……」と担任の先生につれてこられた子がいました。私が耳鼻科につきそうと、その子は耳掃除が不十分で難聴になっていたことがわかりました。おうちの方に話をきくと、子どもの耳の中をほとんどみていなかったそうです。

小学校で歯科検診や耳鼻科検診が行われるのは、子どもだけでは体の管理ができないので、学校で定期的にチェックをする必要があると考えているためです。

家庭でも子どもの口・耳・鼻のチェックをしてください。

②着替え

子どもの着ているものは清潔でしょうか。季節感のある服装になっているでしょうか。靴下やパジャマなども定期的に変えているでしょうか。

ラクだからという理由で、子どもは同じものを着てしまいがちですが、汚れていたら止めましょう。洋服はきちんと洗濯し、お風呂も毎日入るように声がけします。**汚れが目立っていたり、異臭がしたりすると友達の中で、浮いてしまう原因になります**。いじめなどにもつながりかねません。**また、部屋着のチェックは見落としてしまいがち**です。こちらも清潔に保ちましょう。

その他、髪の毛が伸びすぎていたら「今週末、切りに行こうね」など声をかけたり、爪がのびていたら切るのを手伝ってあげたりしましょう。

大人にとっては当たり前にできることですが、子ども一人では完璧にこなせない部分やそもそも対処できないこともあります。身だしなみ一つとっても、常におうちの方の助けが必要であることを心に留めておいてください。

③入浴

最近は栄養状態がよいため、子どもの体の発育がとても早いです。私やおうちの方が子どもだった時代よりも、ずっと早く子どもたちが大きくなります。

例えば、以前は、初潮は高学年になってからというイメージがありました。でも、最近では他校の養護教諭から、2年生の子に初潮がきたという報告がされていました。3～4年生になったら、初潮を迎える子はさらに増えます。

また、小さく胸がふくらんでいるけれど、胸をサポートしていない子も目立ちます。私は身体測定のとき、そうした子に対して「帰宅したらお母さんに『スポーツブラ』を買ってもらうといいわよ」と保健指導をしています。

「まだ低学年だから」と考えるのではなく、目の前の子どもの体の発育状況をみてく

ださい。保育園や幼稚園に通っていた頃に比べると、だいぶ大きくなってしっかりしてきたように見えるでしょうが、小学生には小学生なりにみなければいけないポイントがあります。

子どもを育てることは、本を買い与えた、塾に行かせた、食事を出した、で終わりではありません。一方的に与えるのではなく、子どもをみて、その子にとって必要なものをサポートしていくことが求められるのです。

④連絡帳

①~③まで、毎日できればベストですが、仕事などで難しいこともあるでしょう。それでも「最低限、コレだけは見てほしい」もの、それが連絡帳です。

小学生の連絡帳には大事な情報が詰まっています。それらを見落とすと、翌日の授業で必要なものを持たせられないなんてことも……。

私も昔、こんなことがありました。仕事で特別な対応が入ってしまい、22時に帰宅して息子の連絡帳を開くと「家庭科でニンジンが必要」と書いてあり、愕然《がくぜん》としました。その後、お財布を握りしめ、24時間営業のスーパーに自転車を走らせてクタクタになりました。

「お弁当の日」にうっかりお弁当を持たせることを忘れてしまい、息子がお昼抜きになってしまったこともあります。「お母さんのせいでごはんを食べられなかった」と言われたときには、「本当にかわいそうなことをしてしまった……」と自分を責めました。


おうちの方は仕事や家事に追われ、日々忙しく過ごしていらっしゃいます。毎日100点の子育てをすることは難しいでしょう。

時には「最低限チェックする」という日があってもいい。

少しずつでも、子どもに関心を向けて「みる」時間を設けてもらえたらと思います。

第２章のまとめ

❶ 小学生だからこそ、よくみる
❷ 家の中をよくみる
❸ 違和感をみる
❹ 心と体の状態をみる
❺ 不調の原因をみる
❻ ケアしながらみる
❼ 一対一でみる
❽ 勉強中、お手伝い中、食事中、お世話中にみる

第3章

子どもの心を「きく」

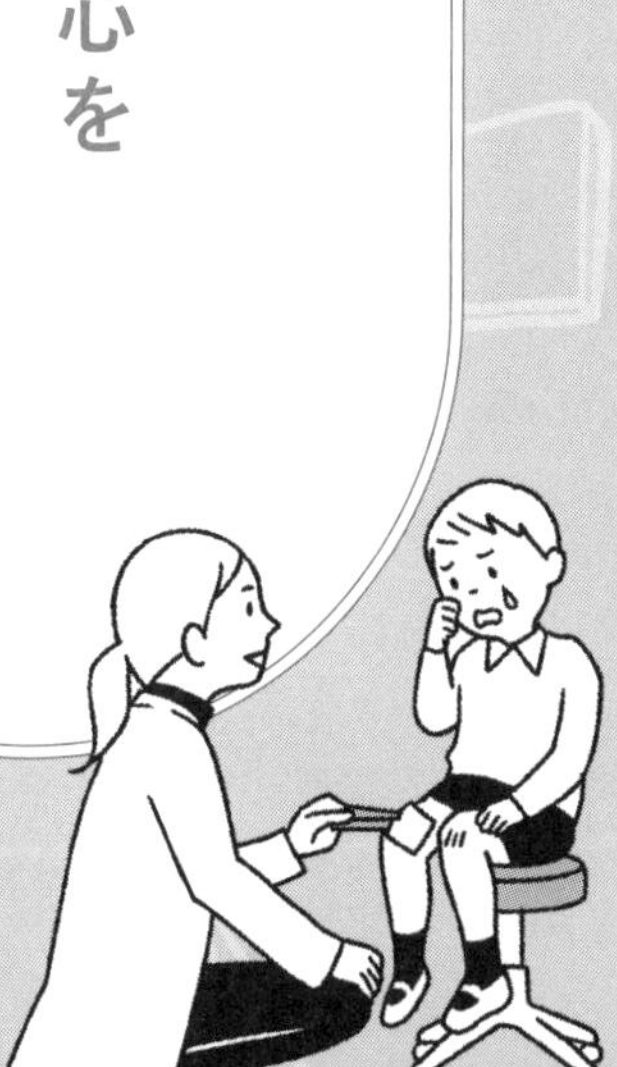

子どもたちは「もっときいて！」ほしい

保健室に来る子どもたちの表現力はさまざまです。

「ここ、ケガしちゃった！」とわかりやすく伝えてくれる子がいる一方で、どうして来室したのか理由を言えない子もいます。

何かしらのＳＯＳを伝えたい。

でも、それをどう伝えていいかわからない。

そうした心を大人が「きく」ことで、子どもたちは少し重荷を下ろして、日常に戻っていくことができます。

特に今は、新型コロナウイルス感染症の影響もあり、心が不安定になっている子どもが少なくありません。子どもの心の声をきく必要性が前より高まっているのです。

子どもの心の声をきき取るには、きく側の姿勢が重要です。カウンセリングの手法では、「技術によってではなく、これを行う人の人格によって成果を得るものだ」と言われています。大人の基準で評価をせず、ありのままを受け止めてくれる大人に対して、子どもは安心して本音を吐露することができます。

第3章では、子どもたちの話を「きく」ための秘訣をお伝えします。第2章でお伝えした「みる」の④〜⑥や子どもを「みる」4つのシーン（P73以降）で実践していただけたらと思います。

chapter 3

「きく」のコツ

「評価をしない」保健室の先生のきき方

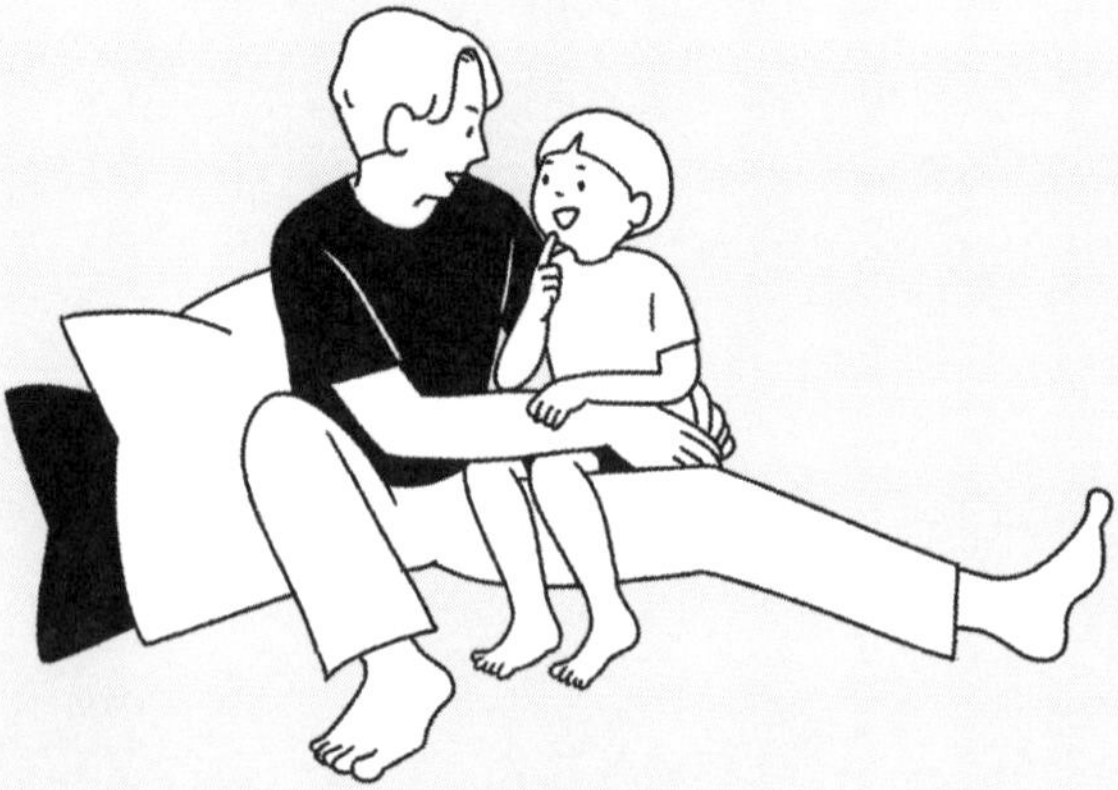

きくことの大切さ

新学期が始まってから、何度も体調を崩している子がいました。

風邪をひいたり、感染症にかかったりすることは子どもにとって珍しいことではありませんが、何度も続くことは珍しい。免疫力が落ちているのではないかと気になりましたが、しばらくして症状が落ち着いたので、私も安心して「大変だったね」「治ってよかったね」と声をかけました。

しかし、思いもよらないことが起こります。菌が体にまわって重い障がいが残ってしまったのです。その報告を聞いて、私は愕然としました。

養護教諭の立場からできることは少なかったかもしれません。でも、何度目かに体調を崩したときに、おうちの方へ大きな病院で検査することをすすめればよかったかもしれない。「何か違和感はない？」「気になることがあったら言ってね」と子どもにしつこくきいておけばよかったのかもしれない。そんなことを悔やみました。

卒業後、その子の姿を見かけました。「真亀子先生！」と声をかけてくれたのです。

明るい声に励まされましたが、何かできたことがあったのではないか、と今も胸が苦しくなります。

それから、私は一層子どもたちの話を「きく」ことに力を入れるようになりました。**「あとで」はありません。**今きかなければ取り返しのつかないことになることがある。そんな思いに、私は突き動かされています。

「みる」から「きく」へ

保健室で、私は「6つのみる」を踏まえ、次の手順で子どもの様子をみて、話を聴いています。

①体のケアをする
②心のケアをする（信頼してもらう→心と体のつながりに気づかせる→感情表現を促す→心理的安定を得てもらう）
③社会的なケアをする（対人関係の調整を手伝う→必要であれば別室登校をサポート

する→自立性を育む・役割を与える・自立を促す・自信を取り戻させる→さらに支援が必要であれば専門機関への紹介や委託を行う）

④フォローアップ

一つずつ解説すると、**まずは体のケガや不調の手当て**をします。

それから心のケアに移ります。

会話を重ねながら信頼関係を築きつつ、「昨晩寝るのが遅かったから、イライラしているのかな？」など声をかけて、体の不調と心の不調が関係していることに気づかせます。

話の中で何か言いたそうな様子などがあればより詳しく話を聴いて、感情を吐き出させます。**心身の不調は感情を無意識に抑圧したことによって起こるもの**なのです。子どもが心の奥底にためている感情に気づかせ、それを大人が受け止めることで、子どもは安心します。時間をかけて、気持ちを聴いていきます。

悩みを深掘りしていくと、**大抵のストレスの原因は対人関係のトラブルであることが多い**ものです。おうちの方へカウンセリングを行ったり、友人との仲の修復を手助けしたりします。場合によっては、保健室登校や別室登校をすすめ、教室へ戻るための方法について話し合いながら、自立を促していきます。

そうして子どもが自信を取り戻し、再びもとの生活に戻れるようになった後も、定期的に様子をみて「元気そうね」「この頃元気？」と声をかけます。**子どもが困ったとき、不安になったときにすぐ相談できるよう「あなたを見捨てていないよ」というメッセージを送り続ける**のです。

いつもの「きき方」を振り返る

子どもの気持ちを知るには、まず子どもの話をよくきくことが大切です。子どもの話をきくなんて当たり前と思うかもしれませんが、意外とできていないものです。

普段、こんなきき方をしていないでしょうか。

①別のことに気を取られている

（興味がなさそうな感じで）「へぇー、それで？」

②落ち着かない態度
「そうなんだ〜。あっ！　電話しなきゃいけないんだった！」

③無表情・無反応
「ふーん……」（子どもが話している間、表情やリアクションをしない）

④子どもの話を遮って、別のことを話し出す
「それはそうと、今日のおかずはどうだった？　おいしかったでしょう！」

⑤早とちり・決めつけ
「わかった！　それは先生が悪いんでしょう」

⑥子どもの考えを否定する
「それはお前が間違っているね……」

「この間忙しくて、こういう態度を取ってしまったかも」と思った方もいるかもしれませんね。忙しくてなかなかじっくり子どもの話をきけないときもあると思います。

でも、**子どもが「自分の話をちゃんと聴いてくれている」「自分と向き合ってくれている」と安心し、自己肯定感を高め、さまざまなことに挑戦できる強い心を持つためには、大人が子どもの話をきくとき、もっと別のアプローチをする必要があります。**

少しずつでも、子どもが安心できるようなきき方に変えていきましょう。

子どもの話はちゃんと「聴く」

「きく」には、3つの種類があります。

①聞く

無意識に、駅のアナウンスや周りの雑音などが耳に入ってくる状態です。

②聴く

相手の話を意識してわかろうと思って耳を傾けること。「傾聴」とも言いますね。

③訊く

自分の知りたいことを相手から引き出すことです。尋問や問い詰めることも、訊くことに入ります。「訊く」の場合、「あなたはリンゴが好きですか?」など、YESかNOで答えられるクローズドクエスチョンになりがちです。

子どもと接するときに、行ってほしいのは「聴く」です。

大人が子どもの話を傾聴していると、いつしか子どもは自覚していなかった「根源的欲求」に気づくことができます。これが、**「本音」**と言われるものですね。

おうちの方の傾聴により、子どもは「どこに自分の本当の気持ちがあるのか」「本当にしたいことは何なのか」に気づいていきます。

少し大きな話になりますが、これからは個性が大事な時代だと言われますよね。個の魅力を発揮するには、自分の気持ちを押し止めるのではなく、自分のしたいことを表現することが大事。自分の心をアウトプットできるからこそ、個性も伸びていくのです。
その子が自分らしく輝くには、おうちの方の傾聴が不可欠なのです。

傾聴の3つのポイント

まず、傾聴は「ラポール」を形成することが大前提です。

互いに信頼し、理解ができ、心を開いてなんでも打ち明けられるような関係に到達した状態をラポールと言います。この状態が傾聴には必要なのです。

保健室では、痛めた部分の手当てをしたり、痛みに共感したりしている態度を示すことで、子どもとのラポールの形成を行っています。

家庭の中でも、落ち込んでいたら「どうしたの？」と声をかけたり頭をなでたりしながら話を聴くことでラポールを形成できます。

ラポールを築いた後、傾聴する際には、３つの大事なポイントがあります。

①相手を尊重する

子どもを深く理解し、気持ちをくみ取るように聴くことが求められます。

そのためには、「どうせ子どもの言うことでしょ」などと、子どもの言うことを否定する反応や態度はNGです。子どもには子どもの理屈があります。個性を尊重して、子どものために聴くという姿勢が欠かせません。

主語を「子ども」にして、子どもの感情に共感するように聴きましょう。

「○○ちゃんは、こう思ったんだね」
「○○ちゃんは、こんなことがあって辛かったんだね」

その結果、子どもは「自分のことを理解してもらえている」と感じ、相手への信頼感が強まります。信頼感が増せば、自分のより深い部分を理解してもらおうと、さらに自身の思いを話し出すかもしれません。

②集中して聴く

子どもの言葉に集中してください。スマートフォンをいじりながら、テレビに気を取られながらきくことはNGです。

また、子どもの言葉を遮《さえぎ》ったり否定したりしないようにしてください。**子どもの目を見ながら頷くなど、「あなたの話を聴いているよ」という姿勢を示す**ことが大事です。

③肯定する

子どもは不安や心配を抱えながら、おそるおそる口を開くことが少なくありません。受け止めてもらえるか、こんなことを言ったら叱られてしまうんじゃないかと思っていることも多いものです。

そうしたときに必要なことは「何を言っても大丈夫だ」という安心感です。「お父さんお母さんは、何があっても、自分を嫌いにならない」と信じられると、本音を話すことができます。

だからこそ、聴き手は子どもを肯定する必要があるのです。

子どもの感情や言葉を無条件に受け入れましょう。まずは、**ただただ話を聴いてください**。話の途中で自分の意見を言ったり、大人のものさしで評価したりしないこと。

そうすることで、子どもは「受け入れられた」「受け止めてもらえた」という実感を得られます。

傾聴の最終目標は、相手の本当の感情を聴き取ることです。

無意識の中に押し込められ、言葉にならないやりきれなさやモヤモヤした気持ちを吐き出させることが大事なのです。

言葉数が少ない子どもの感情を聴き取るときには、P57で紹介した**「非言語メッセージ」に意識を向けて聴く**。非言語メッセージとは、顔の表情や目線、声のトーン、体の動きなど、言葉以外から発せられるメッセージのことです。それらをキャッチして話を促すことで、子どもは自分の思いを形にできて安心すると同時に、表現する力を身につけていきます。

だから、もしも子どもが語り出したら、口を挟まないようにしましょう。

たとえ子どもが残酷なことや暴言を吐いても、責めたり叱ったりしないようにしてください。大人の考えを押しつければ、せっかく開きかけた子どもの心はまた閉じてしまいます。**子どもの感情が少しずつ出てきたら、「よかったらもう少し聴かせてくれる?」とつけ加えるなどして、話を促す**ようにしましょう。

話を聴くなんて簡単と思うかもしれませんが、普段から意識していないと意外とできないものです。子どもに対してだけでなく、大人同士の会話のときも実践して、自然にできるようになっておいた方がいいかもしれませんね。

子どもの話を掘り下げる聴き方

ここで、傾聴のテクニックを紹介しましょう。

①沈黙

目を見て黙って頷き、子どもの話に注意を向けます。

②受容

「そうなんだね」「うん、うん」「なるほど」と相づちをうち、真剣に聴いていることを態度で示します。

③反復

相手の言葉をおうむ返しにすることです。子どもが「○○で辛かった」と言ったら、「そっか、辛かったんだね」と返します。

④探り

5W1Hなど、物事を明確化させるための質問を挟むことです。

事実関係や経験を把握したい段階でこの手法を使います。ただし「なぜ？　なぜ？」と詰問することは避けましょう。

⑤反映

子どもの言葉を受けて、「だから、こう思ったのかな？」と感情を少し整理して、聴き返します。「そうなんだね、○○ちゃん△△と思うんだね」「なるほど、そのとき、○○ちゃんは△△と感じたんだね」など、言葉をつないで対話を繰り返します。

⑥要約

子どもの話はあっちにいったりこっちにいったりします。時系列もバラバラなことが多いでしょう。なかなか結論にたどり着かないときは「まとめると、△△と思っているんだね」というように、これまで聴いた話を整理して伝え、確認を取ります。

こうしたテクニックを駆使しても、言葉は心の30％しか表していないと言います。あとの70％はさまざまなコミュニケーションを通して探っていかなければいけません。子どもの話を掘り下げながら、そのときの表情やしぐさなどの非言語メッセージをよくみて、子どもの言おうとしていることをくみ取りましょう。その**解釈が正しいかどうかよりも、理解しようとしているという姿勢を持つことが何より大切**なのです。

一人ひとりに向き合う

傾聴は一人ずつ行うのが基本です。

きょうだいがいるなら、5分でもいいので一人ひとりの時間をつくるようにしましょう。きょうだい全員と一緒に話を聴いたり遊んだりしているだけでは、子どもは満たされません。特に、上の子は下の子にお父さんお母さんを取られてしまったと感じてしまいます。

3人きょうだいなら、1番上の子、2番目の子、3番目の子それぞれと一対一で話す時間を設けましょう。例えば、赤ちゃんが寝たら、お姉ちゃんの勉強をみます。それでも、上の子が親の気を引こうと赤ちゃん返りをすることがあります。そんな兆しがあったら、多めに時間を取ってあげてください。

こうした日々の積み重ねにより、子どもたち全員と腹を割って話してくれる関係性を築くことができるのです。

chapter 3

「きく」のコツ

日常生活で子どもの話を「聴く」シーン

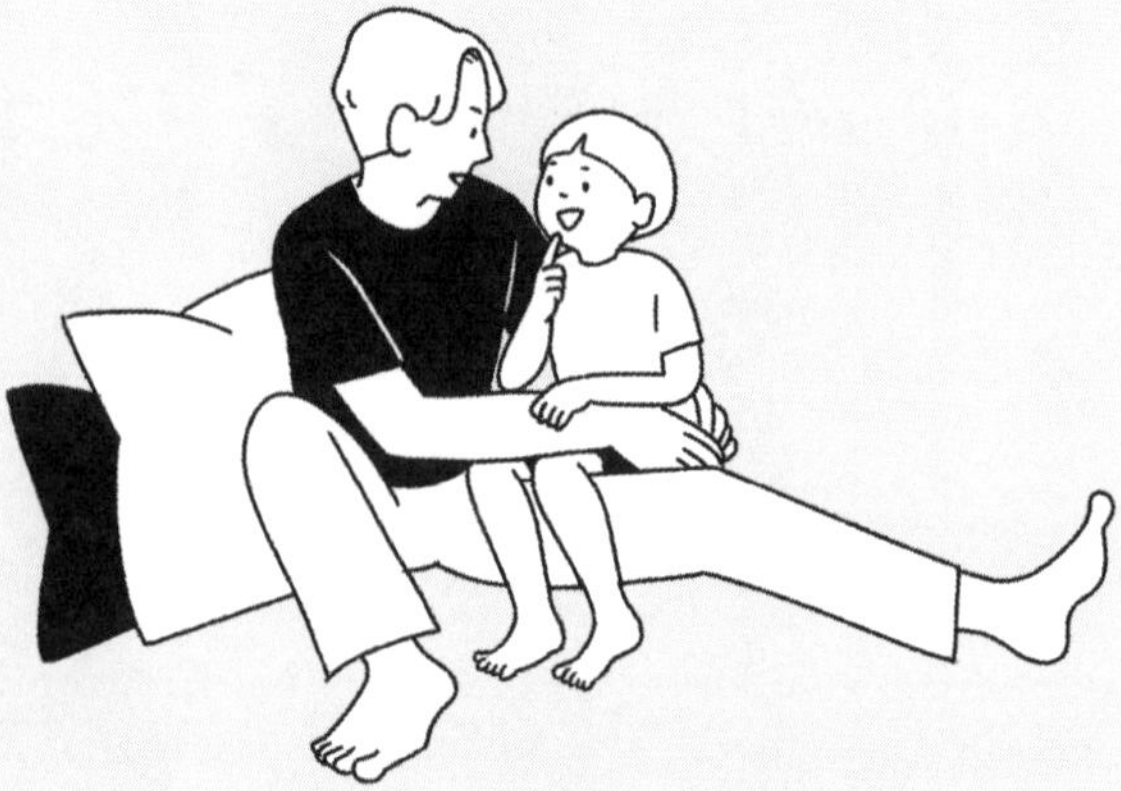

子どもを「みる」とき

子どもを「みる」4つのシーンは、「聴く」シーンとしてもおすすめです。

お手伝いや食事のときなどに話しかけて、日常的にコミュニケーションしましょう。特に**お世話のシーンは心身共に距離が近く、話をしやすくなります**。特に、生活習慣が身についていない低学年のうちは、お世話のシーンを活用してください。

まず、**入浴時**がよいでしょう。

お風呂の中は、一番親子のスキンシップを図れるタイミングです。大人同士でも「裸のつき合い」と言いますよね。

みなさん、温泉に入ると「ハァァ」とため息をつきたくなるくらいリラックスすると思います。オープンな気持ちになって、相手が他人でもいろいろな話をしやすくなるのではないでしょうか。

お風呂でリラックスするのは、子どもも一緒。お風呂は隠し事せずに話せる場なのです。落ち込んでいたら湯船につかっているときに、気楽な感じで「元気がないようだけど、何かあったの？」などと聞いてみるとよいでしょう。

また、**耳掃除**のときも親子で話がしやすいものです。お風呂と同様にスキンシップを図れる上に、対面せずに会話ができます。ちょっと目を合わせて言いにくいようなことがあるときに、よいのではないでしょうか。

実は、息子が中学2年生のあるとき、おもむろに「耳掃除して」と言ってきたことがありました。中学校に入りめっきり口数が減っていたので、もうびっくり。私よりもずっと体が大きくなって、野太い声でそんなことを言ってきたんです。私は驚きながらも、「いいよ」と言って耳掃除をしてあげました。

おそらく何か苦しいことがあったのでしょう。小さい頃に耳掃除をしながら話を聴いてあげたことを思い出して言ってきたのだと思います。結局、気持ちを吐露することはありませんでしたが、多少なりとも心が癒されたのではないかと思います。

幼い頃にちゃんと話を聴いてもらったという体験は子どもの記憶に残り続け、思春期になっても親子関係を良好なものにしてくれるのです。

手を動かしているとき

子どもと話をする上では、おうちの方が「どうやって聴くか」だけでなく、「どんな環境で聴くか」も重要な視点となります。**大切なことは「話しやすい、安心できる雰囲気」づくり**です。

保健室では、ケガの手当てをしながら話をすることが多いです。

子どもが迷路や塗り絵など、何か手を動かしているときに話をすることもあります。真正面に立ち顔を見ながら「何があったの？」と直球を投げるようなことはあまりしません。大抵「今、何の遊びがはやっているの？」「誰と仲がいいの？」など何気ない会話から始めます。

以前、転校してきたばかりの子が保健室を訪れたことがありました。

その子は家庭の事情で引っ越してきたのでした。家庭内の混乱、知らない土地への転居、新しい学校での緊張など、心の中には抱えきれないほどの不安があったのでしょう。転入当初から「保健室へ行きたいです」と担任の先生へ申し出て、来室しました。

私はその子に「塗り絵する？」と促したり、折り紙を一緒にしたりしながら、雑談しました。そのうちに、家での出来事などを少しずつ話すようになりました。

「日曜日に、お父さんとお母さんと出かけたよ。フルーツのケーキがおいしかった！」

「そう、よかったねー」

「お父さんとお母さんはメールしてるんだー」

「連絡取っているんだね」

「うん」

「会いたいときには、会えるのね」

「まあね」

そんな話をしているうちに落ち着いたのか、まっすぐ教室へ行くようになりました。

とにかく、どんなことでもいいから家のことを誰かに聴いてほしかったのでしょう。

心のモヤモヤの正体や解決方法がわからずにいる子に対して、「何で教室に行けないの？」「家で何があったの？」と聴いても口を開いてはくれません。本人もわからないのですから、答えようがないのです。

また、**モヤモヤの正体や解決方法は、子どもによって異なります**。モヤモヤの理由がなかなかわからないこともあれば、小さなきっかけであっという間に元気になることもあります。

大人にできることは、子どもが安心できる環境で黙って見守り、話を聴くことだけ。

もし、お子さんが学校に行けない・問題行動を起こしているという状態なら、家庭でも遊びやお手伝いの中で、接する時間を増やしてみてはいかがでしょうか。週末だけでも、一対一で向き合う機会をつくってほしいと思います。

同じ方向を向いているとき

人は向き合って「さあ、話して！」と言われても萎縮してなかなか本音を言えないものです。

そんなときは、**場所を変える**のもよいでしょう。教室では周りの目が気になって話ができない子も、保健室では素直な気持ちを話してくれることがあります。

ただ、話している途中で、他の児童が入ってくると口を閉ざしてしまう子もいます。そのときは、仕切りを立てたり、別の部屋へ移動したり、その子にとってゆっくり話ができる環境を用意します。

何かをしながら話を聴くのと同様に、**外を歩きながら、景色を見ながら、という状況でも、子どもの本音を聴きやすくなります**。向き合って聴くのではなく、同じ方向を向くということも、よいのでしょうね。


あるとき、バスケットボール好きな子が保健室に来ました。ひざに痛みがあると言います。高学年の男の子だったので触診をさけ、「どこが痛いの？」「いつから痛いの？」「どんなときに痛いの？」「どう痛いの？」と順番に質問しました。

その子は質問には返答してくれるものの、私はどうにも核心をついているような気がしませんでした。そして以前も何度か、この子が「お腹が痛い」と保健室に来たことを思い出しました。

いつもと違う来室時間、何か話したりなそうな様子。「もしかしたら、体の痛みには精神的な悩みが背景にあるのでは?」。何か他に気になっていることがあると感じました。

その後、再び男の子が保健室を訪れました。ひざが痛んで家に帰れないと言うのです。担任の先生は「おうちの人に迎えに来てもらいましょう」と言います。適切な対応のように思いましたが、その子は「いや……、お母さんが大変になるから、ちょっとな」と呼んでほしくなさそうな素振りを見せます。

私はおうちの方がいないところで話したいことがあるんだと思い、「おうちまで送っていこうか?」と提案しました。

一緒に学校を出て家に近づいたとき、やっとその子は口を開きました。

「実は今度、手術するんだ」

「そうなの。もう少し詳しく聴かせて?」

「骨が曲がっているんだって」

「そうなんだね」

「来週から体育ができないよ。バスケも」

男の子はうつむきました。どうやら、手術への不安と大好きな運動ができない悔しさが心を占めていたようです。私は「うん、うん」と頷いて話を聴きました。

「みんなやっているのになぁ」

手術に対する不安もあるけれど、みんなが体育をしている中で、自分だけが見学していることも辛い……。そんなふうに感じているのだとわかりました。

そこで「体育の時間は保健室に来て、勉強してもいいよ」と言うと、少し安心したような表情を浮かべました。その後、手術は無事成功。その子は元気に運動できるようになりました。


いつもと違う環境の方が、自分の心を打ち明けやすくなることもあります。

子どもが家の中で話しにくいようなら、近所を散歩しながら、話を聴いてみてはいかがでしょうか。

chapter 3

「きく」のコツ

子どもにとって気持ちを話しやすい環境をつくる

自己肯定感が高まる機会を増やす

ここまで紹介した通り、保健室や自宅、何かに取り組んでいる最中など、リラックスできる環境や状況をつくることが傾聴では大切です。

ただし、子どもによって心地よい環境は異なります。ここでは、さまざまな**「話しやすさ」**を生み出す方法をお伝えします。

まず、自分を肯定できていないと、子どもはなかなか思いを口にできません。「自分の言うことなんて誰も聴いていない」「自分は価値のない存在だ」と思っていたら、自分のことを他人に伝えようとは思えないですよね。**子どもが自分の感じていることを言えるか言えないかは、その場の問題だけでなく、これまでどのような生活を送ってきたかも関係している**のです。

では、普段からどのような接し方をすると、小学生の子どもの自己肯定感は高まるのでしょう。

それは、日常の中で、子どもが「あなたはこの社会の中で役に立っている」ということを自然に実感してもらえるような状況を多くつくることです。

効果的なのは、「みる」ところでもお伝えした、**役割を与えること**。

学校では、黒板係、給食当番、生き物係、掲示係、保健係などさまざまな係をお願いしています。全ての子どもに役割を割り当てるようにしていますよね。クラスという社会の中で自分は役に立っているという感覚を持たせる効果があります。

保健室登校をしていたある子は少し複雑な家庭で育っていて、おうちの方からあまりお世話をされていないようでした。

勉強は得意ではなかったのですが、健康で丈夫だったので、体を動かして働く楽しさを知ってほしいと思い、役割を与えることにしました。雪の降った日に、玄関にはった氷や雪を片付けたり、一輪車で運んだりすることをお願いしたのです。「おかげで助かったわ！」と言うと、とても嬉しそうにしていました。

こうした原体験があることで、自分は誰かの役に立てると思えるでしょう。**自分に**

できることが誰かのためになるという経験を通して、将来得意なことを生かして働く力にもつながるのではないかと思っています。

私は保健委員会でも、子どもたちに役割を与えるようにしています。

保健委員会では、月曜日の朝の会で、自分より下の学年のクラスへ行って、一つのテーマについて話してもらう時間をつくっています。

例えば、「風邪の予防にはどうしたらいいか？」について自分で考え、文章にして、みんなの前で発表します。6年生は1年生の教室へ行って発表してもらいました。

こうした活動により、学校のために、小さい子のために、自分は役立っているという実感を持つことができます。子どもたちが任されたことを実行できたときは、しっかり褒めます。子どもの活動を承認していくことが、大人の大切な役目です。

また、**子どもにはやり方をできるだけ自分で考えさせることも大切**です。自分で考えるということは、大人が思っているより、子どもにとって大きな喜びなのです。自分を信じてお願いしてもらえた。やったことを認めてもらえた。そうした感覚が自己肯定感を引き上げます。

家庭の中でも、何かお願いすることを決めましょう。毎朝新聞を持ってくる、食器を片付ける、お風呂を洗うなど、どんなことでもいいのです。家の中の「〇〇係」をお願いしましょう。

教室の中だけでなく、家庭の中でも役割を担うことで**自己肯定感**が高まる機会が増えます。すると「どうせ僕なんて」「私なんていなくていいんでしょ」という気持ちになりにくいのです。

我が家では次男があるときから料理に興味を持ち「パパとママに食べさせる！」とつくってくれるようになりました。「とってもおいしかったよ！」と言うと、さらにやる気が出たようです。

褒められることで、また頑張ろうというパワーにつながります。

「自分は周りから必要とされる存在だ」「大切にされるべき存在だ」と認識できれば、ピンチのときに、周りにいる大人へ自分の思いや状況を伝えて、助けを求めやすくなります。

心が落ち着くツールを置く

実は、保健室には手当てとは直接関係ないものも、かなり置いてあります。一般の方が見たら「何でこんなところにあるのだろう?」と思われるものもあると思います。例えば、**オイル時計**。筒状の容器をひっくり返すと、カラフルなオイルが雫になって静かに落ちていくものです。これを、保健室のテーブルに置いています。このオイル時計を眺めていると、気持ちがだんだんと安定してくるのです。

保健室にはケンカでケガをした子が来ることもあります。そうなると、自然とケンカの仲裁をすることになります。

子どもが激しく泣いたり怒ったりしているとき、いきなり「どうしたの?」「何があったの?」と尋ねても、まともな答えは返ってきません。感情を刺激して、さらに興奮させてしまい、逆効果になることもあります。落ち込んでいるときも同様です。

まずは、心を落ち着かせることが大切なのです。フワフワした手触りのモノは心を

保健室にある心を落ち着かせるもの

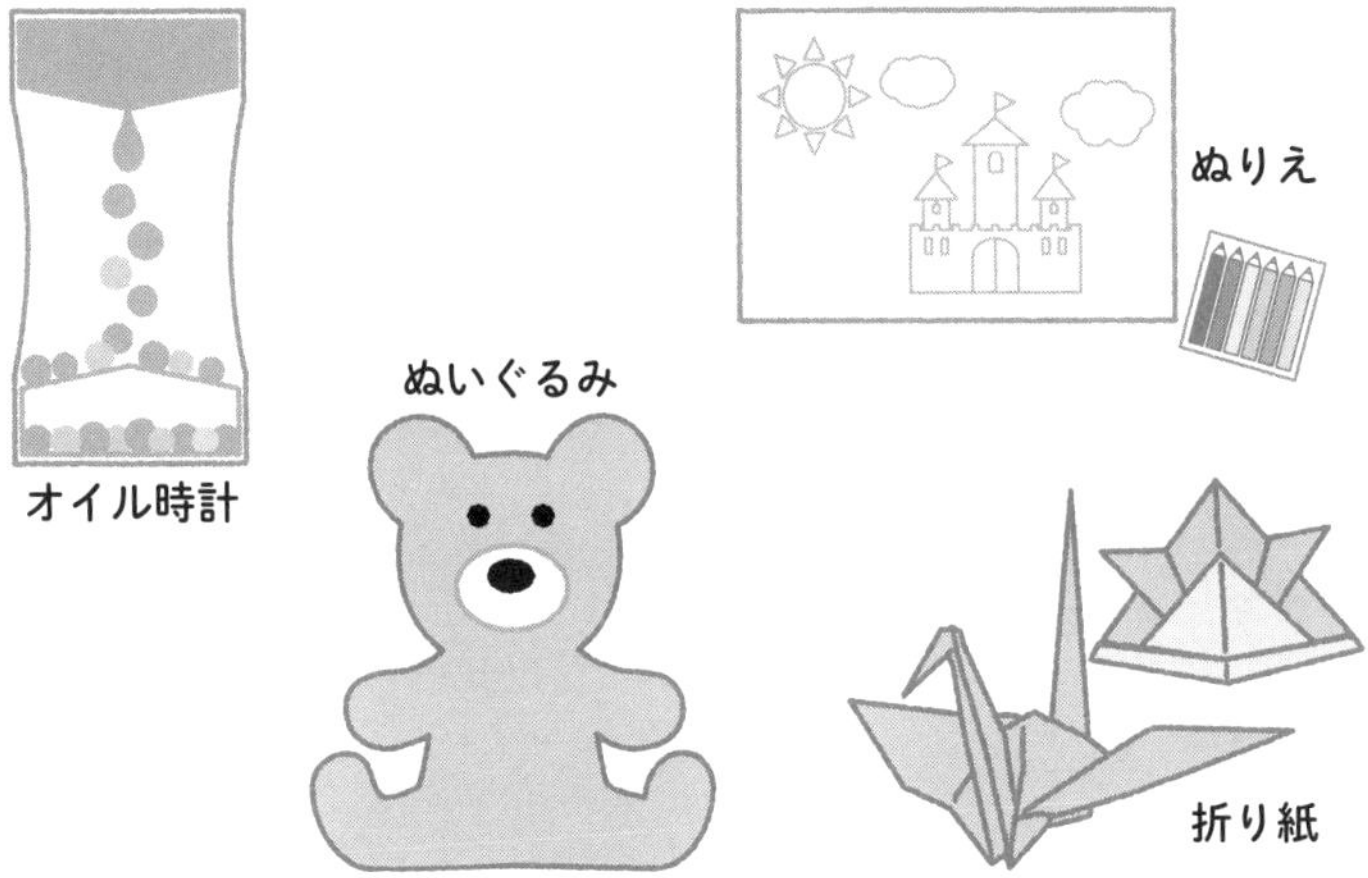

癒やす効果があるので、家庭では**お気に入りのぬいぐるみ**を抱かせるなどしてもよいでしょう。すると、ポツリポツリと話し始めます。

ご自宅にもゆっくり時が流れるのを感じたり心を落ち着けたりするものを置くといいですね。

また、長年子どもたちを見ている中で、**塗り絵や折り紙**などにもそうした効果があると感じたので、保健室に用意しています。

大人にとっては単なる遊び道具かもしれません。

でも、P111以降で、子どもは手を

動かしながらの方が話しやすいとお伝えしたように、子どもにとってはこれらがクールダウンやコミュニケーションを助けるツールとなりうるのです。

「そこは何色にするの？」
「何をつくっているのかな？」

他愛もない話をする中で「実はね……」「こんなことが嫌だったんだ……」と、だんだん本音が出てきます。

家庭でも、救急箱の近くやリビングなど、ゆっくり話を聴けるスペースに置くとよいでしょう。話を聴く中で、その子にあったアイテムを探してみてください。

懐かしい音楽を流す

リラクゼーション音楽や波の音といった自然の音を流すことも効果的です。イライラしていたり落ち込んでいたりする心を癒すことができます。

読者のみなさんもマッサージ店などでこうした音楽が流れていて、聴いているうちにリラックスして眠くなったことがあるのではないでしょうか。子どもにも、同様の心の作用が期待できます。

また、**子どもが幼稚園や保育園で、お遊戯のときなどによく使っていた音楽を流す**のもよいでしょう。小学生にとっては少し子どもっぽい曲なのですが、懐かしい記憶の中に戻ることで気持ちを落ち着かせることができるのです。

「○○先生優しかったよね」
「よく公園で遊んだね」
「卒園式にママとパパがきてくれたよね」

こうした思い出話から、子どもによってはポツリポツリと今の状況を話し始めます。保健室にも幼児向けの童謡のＣＤを置いています。家庭でも、YouTubeなどで検索して流してみてください。音楽の力を活用して、話しやすい雰囲気をつくりましょう。

発言できる場を増やす

仕事や家事で忙しく、子どもと直接コミュニケーションする時間をつくることが難しいおうちの方もいるでしょう。私も学校の仕事が山場のときには、子どもと会話ができないこともありました。

そんなときには、**ホワイトボードの活用**をおすすめします。メッセージを書いて冷蔵庫などにかけておくのです。

「ハンバーグが冷蔵庫に入っているよ！」
「習い事、頑張ってね」
「もうすぐ運動会だね！」

食べ物のことや学校のイベント、週末の予定など、何を書いてもよいのです。

子どもから何のリアクションもなくてもいいんです。**家族で情報を共有すること、**

子どもが「自分のことを考えてくれているんだな」「大切に思ってくれているんだな」と感じられることが大事です。

私は見たときに楽しい気持ちになれるよう、3色のペンを使ってカラフルにしたり、はがせるシールを使ったりして、メッセージをかわいくアレンジしていました。するとある日、長男から「おいしかったよ。ありがとう」と返事が書いてあるのに気づいたんです。とても嬉しかったのを覚えています。

これはとにかく続けることが大切です。おうちの方の気分も明るくなるような形にしていただけたらと思います。ご自身も楽しみながら、子どもへメッセージを送ってください。

また、**キッズ携帯でのやりとり**など、オンラインでコミュニケーションを図れるツールを使ってもよいでしょう。

もちろん、直接コミュニケーションする機会を持つことは必要です。ただ、そこに囚われておうちの方がストレスを抱えてしまうと、イライラした雰囲気は必ず子どもに伝わり、話しやすい環境にはなりません。

まずはどんな形であれ、いつでも話ができる環境を家の中のいろいろなところにつくることから始めましょう。

季節感を出す

最近の子どもたちは季節を感じる機会が少なくなったと思います。首都圏に住んでいると、特にそうでしょう。

でも、**身の回りの季節の変化に気づくことは、コミュニケーションのきっかけになります**。心の豊かさにもつながります。外を歩いていたら桜が咲いていた、小鳥の声が聞こえた、金木犀の香りがした、冬の星座が見えるようになったなど。こうした季節の変化を楽しむには、大人の関わりも必要です。

今の子どもたちが唯一季節を感じる瞬間と言えば、**給食**です。夏にはスイカ、秋には秋刀魚など、一年を通して、季節の野菜や果物、魚が出ます。

ちなみに、私は保健室でも季節を感じられるよう、**いろいろな飾り物**を置いています。干支鈴や手作りのサンタさんの人形、季節のお花を飾ることもありますね。こうしたものが、子どもとの会話のきっかけになることもあります。

「もうすぐひな祭りだね」
「お花がきれいな季節になったね」
「豆まきの鬼のお面はつくった？」

季節を感じる工夫は、日々生活する上で必ずしも必要なものではないかもしれません。

でも、子どもとの会話のきっかけをいろいろなところに設けておくことは、話しやすい環境をつくる大切な試みの一つであると、私は考えます。

心が豊かになり、心の通い合った親子の会話が増えるきっかけにもなります。おうちの方にとっても、きっと素敵な楽しみになるはずです。

chapter 3

「きく」のコツ

子どもの気持ちを表す言葉を一緒に探す

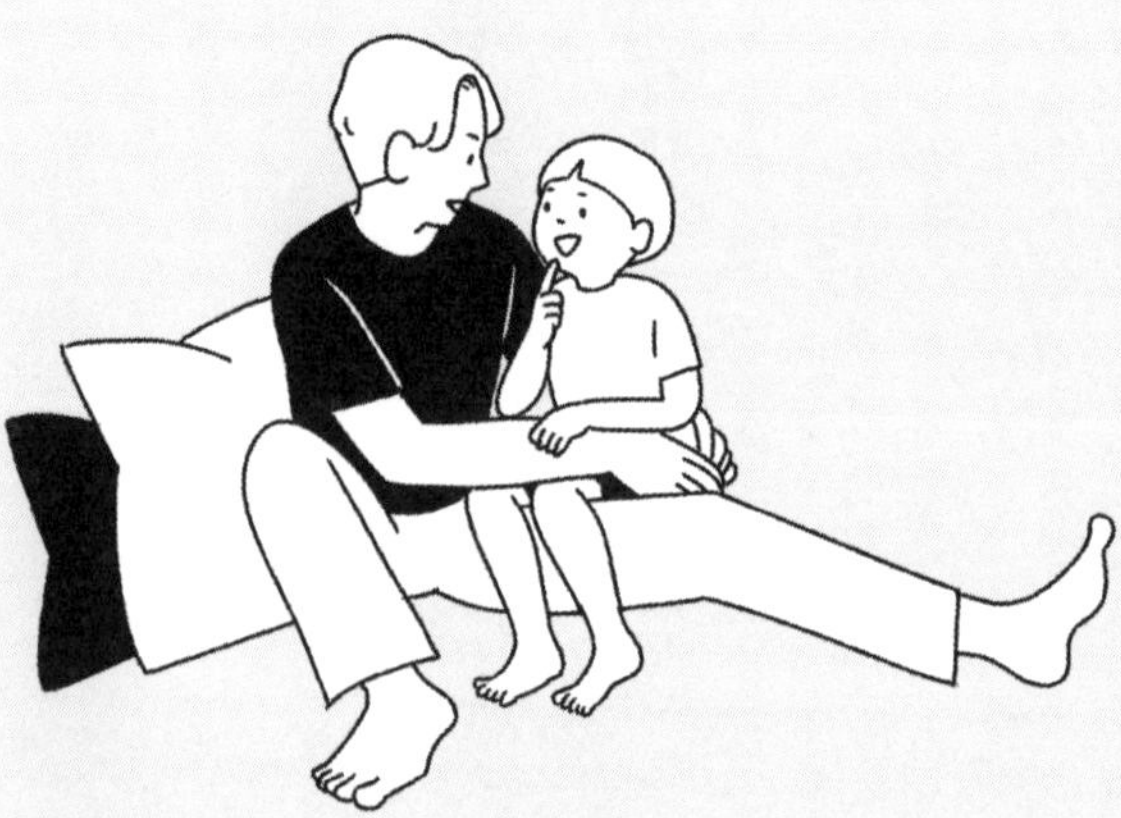

言葉の発達には段階がある

子どもの言葉は心や体の成長と共に、段階的に育まれていきます。

まず、寝返りをうつ、立ち上がるなどからスタートします。その後、親子関係の中で情緒の発達が促され、表情をつくったり手を使ったりしながら遊べるようになります。いろいろなものを見たり聞いたり触れたりする体験を通じて、言葉を獲得していくのです。言葉を理解できるようになると、聞く力も高まります。

子どもと時間をかけて向きあうことに加えて、**子どもの言葉の発達を促すことも、子どもの心を育てる大事なステップ**になります。モヤモヤした感情を言葉と紐づけていくことで、解決策へつなげやすくなるからです。

言葉が未発達なうちは、子どもの心を表すピッタリの言葉を一緒に探しましょう。感情と言葉をうまく結びつけることができるようになると、子どもは自分の心を他者にアウトプットできるようになります。**自分の思いを相手にうまく伝えられたという成功体験が増えれば、自己肯定感が高まります。**こうした積み重ねにより、だんだん

言葉の発達

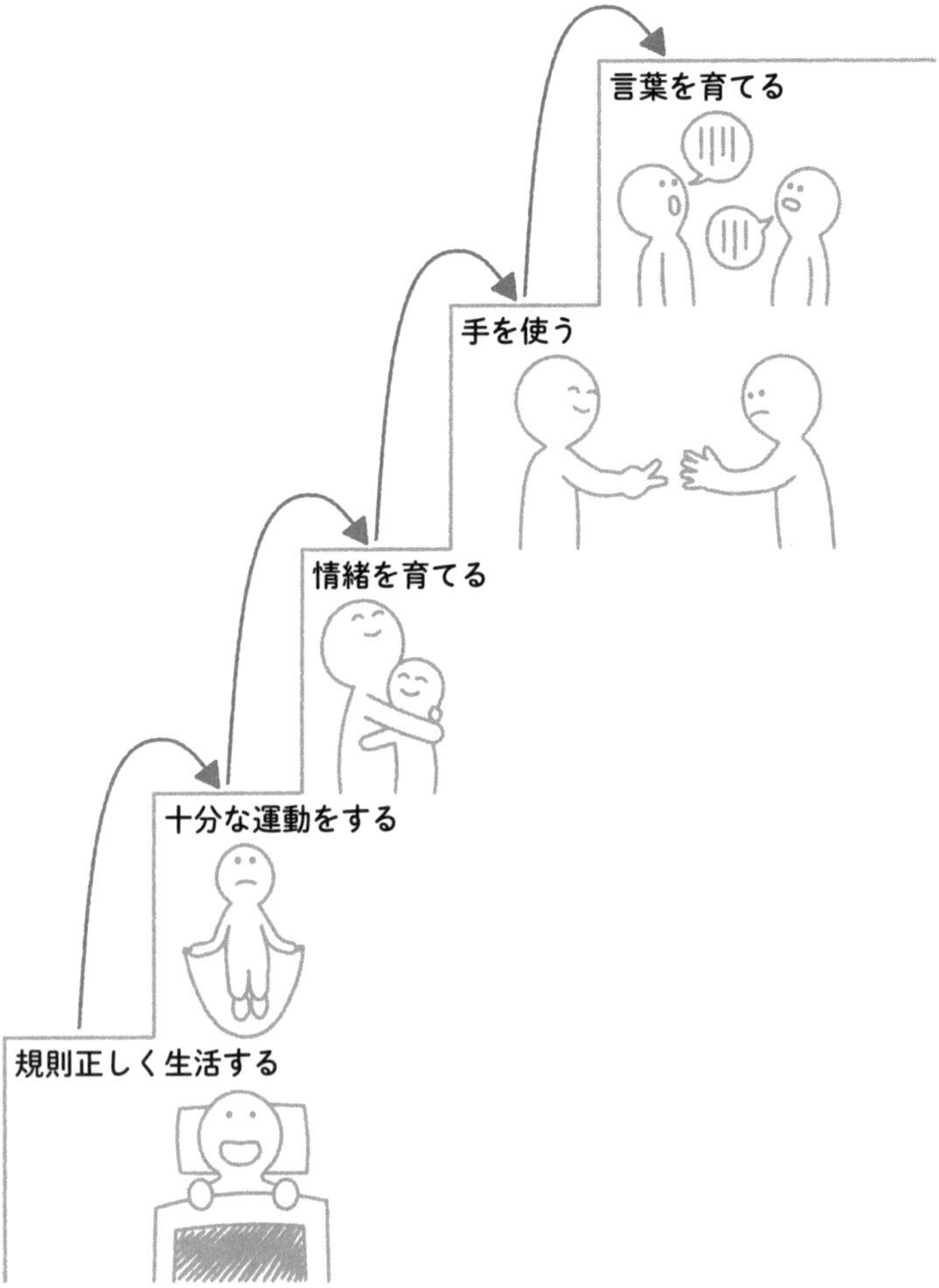
言葉を育てる
手を使う
情緒を育てる
十分な運動をする
規則正しく生活する

と強い心が育っていくのです。

本の世界から言葉を見つける

感情を表現するには、語彙力や表現力が必要です。

そのためには、**読書体験**が非常に有効です。小さいときは絵本の読み聞かせがよいですね。語彙力だけでなく、情操教育にもつながります。

私も子どもたちが眠る前に、『おむすびころりん』『一寸法師』などの昔話をよく読んでいました。

ただ読むだけでなく、**絵本の内容をもとにいろいろな問いかけ**をしていました。

「穴に入っていったおむすびは、どうなったんだろうね？」

「お椀の舟に入れる人って本当にいるのかな」

こんなふうに言うと、子どもたちはドキドキワクワク。「次はこうなるかな？」と展開を想像します。こうして家庭の中で、思考力も養われていくんです。

「うさぎさんはどんな気持ちかな？」
「○○ちゃんだったら、どう思う？」
「どうしたら、仲直りできるかな？　○○くんならどうする？」

登場人物の気持ちになって考えたり、自分事として考えたりすることで、表現力も養われるでしょう。

また**「読み聞かせノート」**を活用するとより効果的です。本のタイトル、読んだ日、読んだページや内容、一緒に読んだ人、感想などを書き込みます。市販のものを活用してもいいですし、子どもと一緒につくるのも楽しいですね。

読み聞かせには子どもの気持ちを落ち着かせる作用もあります。子どもが不安定な様子なら、夜に読み聞かせをしてあげてください。ストーリーの続きや感想を話しているときに、「あのね……」と普段は心の中にしまっている思いを話してくれることもあります。

読み聞かせノート

本のタイトル

読んだ日

読んだページ・お話の内容

読んだ場所

一緒に読んだ人

感想

最近では「読み聞かせボランティア」などがありますよね。私も以前そうした活動をしていました。忙しくて読み聞かせをする体力や気力がないとき、利用してみてはいかがでしょうか。

感情を見える化する

子どもは自分の感情を表す語彙や表現を知らないために、思いを伝えられないことがあります。そんなとき役に立つのが**「感情イラストマップ」**です。このマップでは、嬉しい、楽しい、悔しい、悲しいなどの感情を表情のイラストで表しています。

なかなか言葉が出てこないとき「今はどの気持ちに近いかな？」「そのときは、どうだったかな？」「じゃあ、この中で言うとどれ？」と尋ねて、**発言を助けたり、指で示して教えてもらったりすることができます**。

イラストを一緒に見ながら「そうなんだ。どうしてこの気持ちになったんだろうね？」とさらに話を聴いていけるといいですね。

また、**「感情の温度計」**も役立ちます。**喜怒哀楽の程度を目盛りに置き換えること**

で、子どもは自分が感じていることを、冷静に見つめることができます。

「○○ちゃんのことなんてもう大嫌い！」
「めちゃくちゃムカついた！」
「話したくない！　顔も見たくない！」

こんなふうに激しい口調で話していても、実際どれくらい頭に来たのか正確に測ることは難しいものです。よく考えずに、どこかで聞いた言葉をそのまま使っているだけのこともあります。子どもの語彙力からは、本当の感情はわかりにくいのです。

そこで「0＝ふつう」から「5＝ぶちキレそう!!」などの目盛り毎に感情の度合いを示すことで、大人は子どもがどんな心境なのか想像できます。感情の見える化によって度合がわかると、話の聴き方を変えることができます。子どもも、自分の感情を把握することで冷静になれるでしょう。

こうした感情を表すツールを親子で手作りするのもおもしろいですね。コミュニケーションも取れますし、自分用にカスタマイズすることでより効果的に活用するこ

感情イラストマップ

怒っている

悲しい

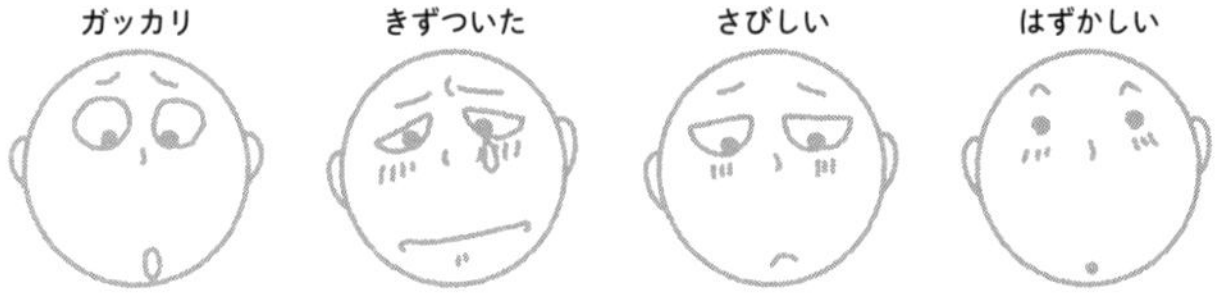

楽しい・うれしい

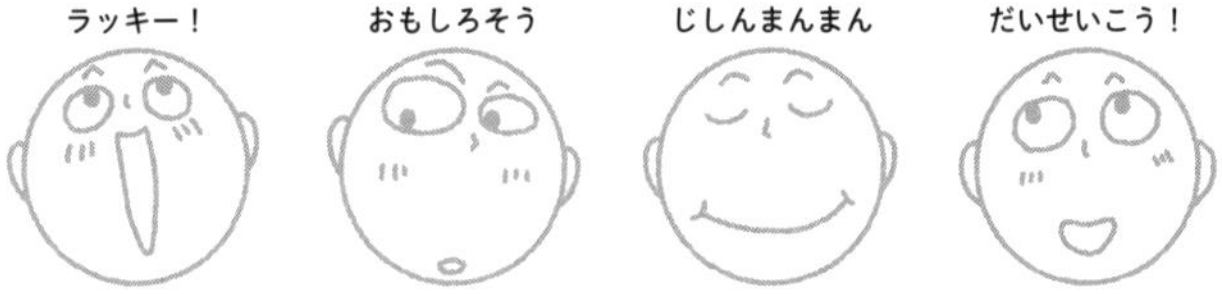

その他

感情の温度計

怒り

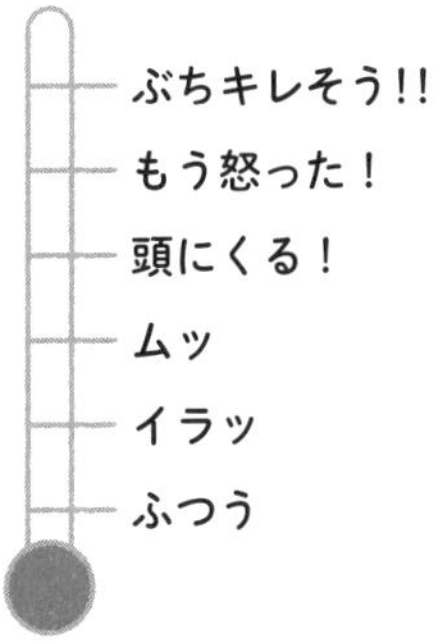

悲しみ

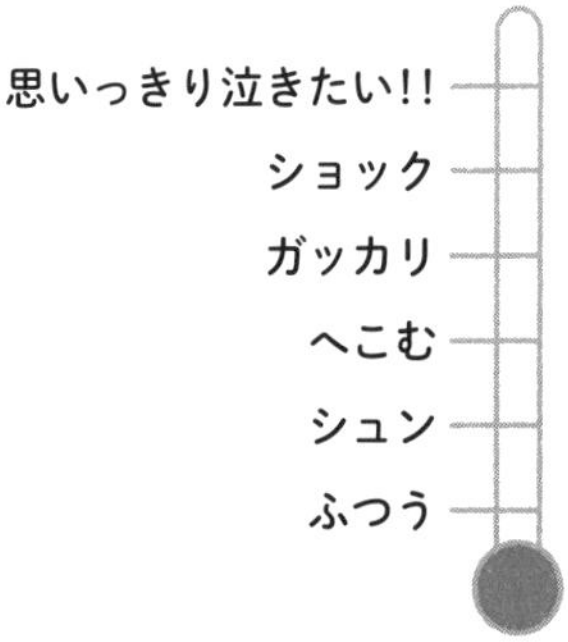

うれしい・楽しい

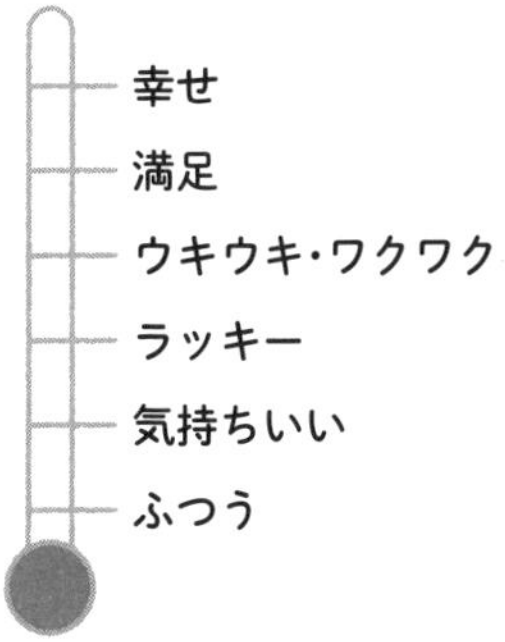

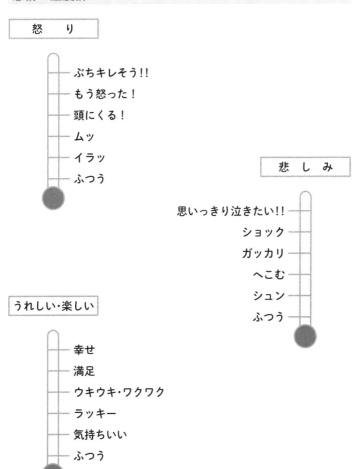

とができるでしょう。

選ばせながら聴く

こうしたツールを使って、気持ちの「選択肢」を示しながらコミュニケーションするのもよいでしょう。

例えば、友達とケンカをした話であれば「そのときは、悲しかったの？　悔しかったの？　それとも、寂しかったの？」、掃除をしたくない理由を聴き出す際には「掃除用具が汚いのがいやなの？　それとも、汚れた床に手をつくのがいやなの？　それとも他に理由があるのかな？」と**「ｏｒ」で尋ねます**。**選択肢を示されることで、子どもはより自分の気持ちと向き合いやすくなります**。

保健室では、体の痛みについて聴くことが多いです。大人でも「どう痛いのか」を言語化することは難しいですよね。子どもには「ズキンズキン痛い？　ガンガン痛い？　キリキリ痛い？」など痛みの種類を提示して選んでもらいます。

子どもの話がなかなか要領を得なければ、大人が選択肢を用意してあげてください。

chapter 3

「きく」のコツ

子どもに言ってはダメ！NGワード

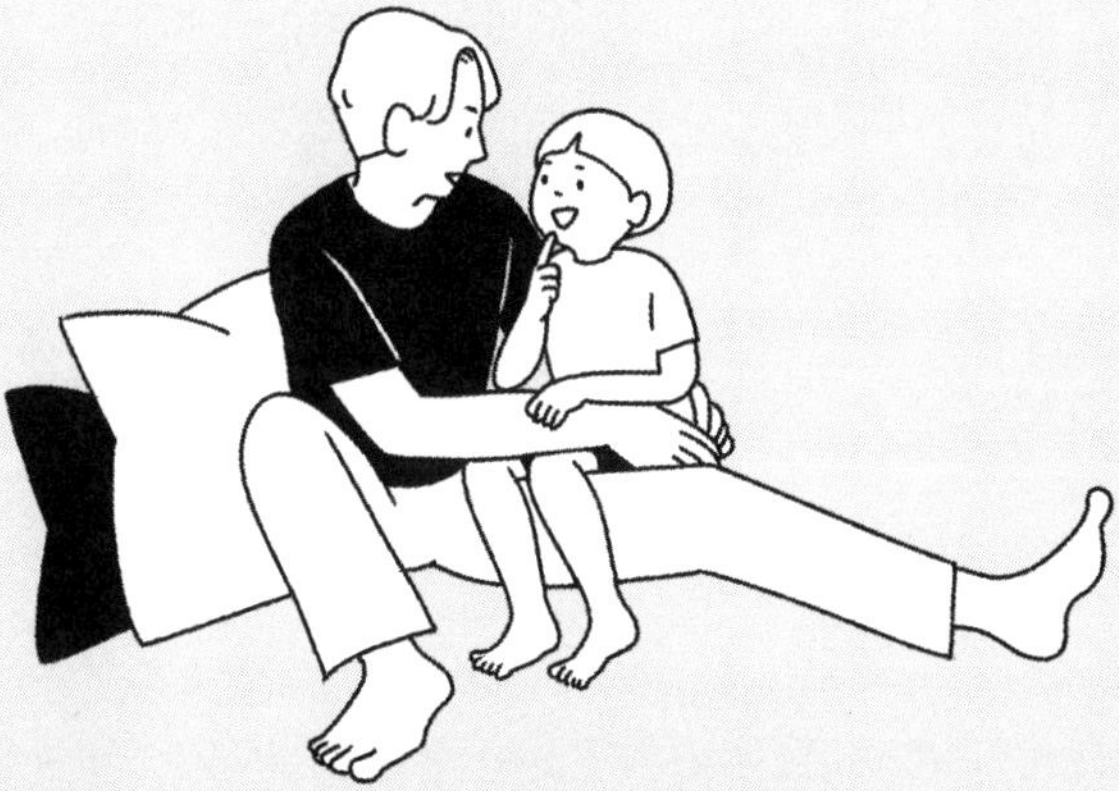

大人の要求を一方的に押しつける

子どもの話を傾聴するシーンでは、ＮＧワードがあります。本書では３つ紹介します。

例えば、子どもが「算数の勉強したくない」「掃除なんてしたくない」と言うこともあるでしょう。おうちの方からしたら頭にきてしまう言動かもしれません。

「何言ってるの！」
「ワガママ言わないで、早くやりなさい！」

こうしたことをついつい言ってしまうのではないでしょうか。

でも、その**「やりたくない」の意味を探ってほしい**と私は思っています。

探ってほしい意味は２つあります。**一つは「あなたに『やりたくない』と言った意味」、もう一つは「『やりたくない』と言う言葉の裏側にある意味」**です。

一つ目の「あなたに言った意味」を考えてみましょう。

大人が「この仕事やりたくないなぁ」というとき、誰に向かって言っているのでしょうか？　仲のいい友達や信頼できる同僚ではないでしょうか。つまり、**「この人にだったら言っても大丈夫」という人に愚痴や弱音を吐いている**のです。

子どもも同じです。「やりたくない」を信頼していなかったり、恐怖を感じたりしている相手には言いません。怖い先生に「掃除なんてしたくない」とは絶対言えないでしょう。

もしあなたが子どものそうした言葉を聞いたとしたら、本音を聴いてくれる人だと思われたということです。そんな子どもの気持ちを大切に受け止めてほしいのです。

本音を言える場所がないと、子どもは息苦しく感じてしまいます。**家庭では多少の愚痴や悪口は大目にみてあげてもいい**のではないでしょうか。何度も言うようであれば「おうちでなら、何を言っても許してあげる」と、じっくり話を聴く機会を持ってみてください。

教室よりも保健室、保健室よりも家庭が子どもにとって「ホッ」とできる場所であってほしいと私は思っています。

2つめの「やりたくない」の裏側にある意味も大事にしてほしいです。単なるワガママではなく、**子どもなりの理屈がある**ことがほとんどだからです。

例えば「何で掃除したくないの？」と尋ねたら、わんぱくな子が掃除の時間にふざけていじめてくるからという理由や、汚いものが苦手で雑巾を触ることに抵抗感があるという気持ちを話してくれるかもしれません。

「ただサボりたいから掃除をしたくないのだろう」というのは、大人の勝手な見方です。子どもには子どもの理屈があるのです。

掃除は1～2日しなくても、大きな痛手にはなりません。それよりも、その背景にある子どもの理由を聞き逃す方が大きな問題につながる可能性があります。

ワガママにきこえることも否定せず、子どもの話に一度耳を傾けてください。

子どもの気持ちを否定する

「そんなこと言っちゃダメ！」
「何でそんなこと考えるの！　悪い子ね」

「そんなふうにいうなんて、あなたのこと信じられないわ」

傾聴の3つのポイントの中でも説明しましたが、こうした言葉で子どもの発言を否定してしまったら、子どもは「わかってくれない」「言っても仕方ない」と心を閉ざしてしまいます。言われた瞬間気持ちに蓋をしてしまうだけでなく、その先もずっと本心を言わなくなってしまう可能性があるのです。

傾聴で大事なことは、子どもの心に迫ることです。大人の意見を伝えることではありません。確かに、子どもは時として信じられないほど残酷な発言や暴言を吐くこともあります。「何でこんなひどいことを言うんだろう……」と愕然とすることもあると思います。

でも、そうした発言に目くじらを立てて、叱りつけても何の解決にもなりません。そんな場合には、**発言の裏側にある気持ちを聴く**ようにしてください。

例えば、P137のような発言があったなら、次のようにコミュニケーションを取ってみましょう。

子「学校なんてなくなればいいのに！」

親「学校のどんなことが嫌で、なくなっちゃえって思ったの？」

子「○○ちゃんなんて死んじゃえばいいのに！」

親「○○ちゃんの何が嫌なの？　お友達への悪口を聞いて、お母さん少し悲しくなっちゃったな」

子どもがひどい発言をするのには、ちゃんと理由があります。質問して、その心を探ってみてください。

あまりに激しい言葉遣いをしたときには**「お母さん、悲しいな」など、正直な気持ちを伝えられるといい**ですね。そうするだけで、十分におうちの方の気持ちは伝わります。もしくは、どうしてそう思ったのか聴けた後に**「家族の前では本音で話していいけれど、他の人がそれを聞いたらビックリしちゃうから気をつけようね」などと伝える**とよいでしょう。

子どもは十分に言葉が成長していないので、本当に伝えたいことを自分で見つけるのが難しい場合もあります。本音を吐き出すには、大人の手助けが必要です。「もしかしたら嫌いな子がいるの？」「嫌なことがあったのかな？」など、**言葉を補って聴いてみる**とよいでしょう。

この際に気をつけてほしいのは「尋問」にならないようにすることです。詰め寄るようなことがあっては、子どもは一層口をつぐんでしまいます。

今の子どもたちはおうちの方が子どもの頃と比較して、精神年齢は実際の年齢の「マイナス2歳」くらいと思った方がいいでしょう。

体も大きくなるのが早いですし、インターネットなどから得られる情報も多いので大人のようなことを言いますが、心はずっと幼いものです。だから、大人であれば率直に話せるようなことも、子どもは口にできずに悩んでいるケースが多い。

それを理解して、サポートしながら話を聴きましょう。

子ども自身を否定する

「悪い子ね！　産まなきゃよかったかな」

「あなたは橋の下から拾ってきたのよ」

「そんなことする子は、私の子じゃない」


こうした子どもを根底から否定するようなワードもＮＧです。

子どもは大人が想像もしないようないたずらや失敗をすることがあります。朝の支度中や夕飯の準備中など忙しいときにされると、つい叱りたくなりますよね。

でも、わざとやっているわけではないこともあるでしょうし、構ってほしい理由があってやっているのかもしれません。十分に言い分を聞いてもらえず「うちの子じゃない！」なんて言われたら、子どもはとても傷つきます。**「帰れる場所」を失ってしまった気持ちになります。**


子どもの行動の背景にある思いを会話の中で明らかにしましょう。

もしも、コップを割ってしまった、きょうだいに意地悪をした、調理中にいたずらをしてきたというようなことがあったら、頭ごなしに怒らず、こんな声掛けをしてみてください。


「形あるモノはいつか壊れるから、そんなに心配しなくて大丈夫だよ。今度新しいコップ買おうね」

「自分がされたら、どんな気持ちになると思う?」

「あれっ。一緒に料理したいのかな? 今度教えるから、今日は待っててね。もうすぐできるよ」


心に寄り添う優しい声かけによって、子どもは安心できます。そして、相手の心や事情を慮る気持ちや、他者や物を大切にする心も芽生えるはずです。

叱る前に優しい一言をかけるようにしてもらえたらと思います。

Q & A

どう聴く？
どう答える？
どう伝える？
親子の会話Q&A

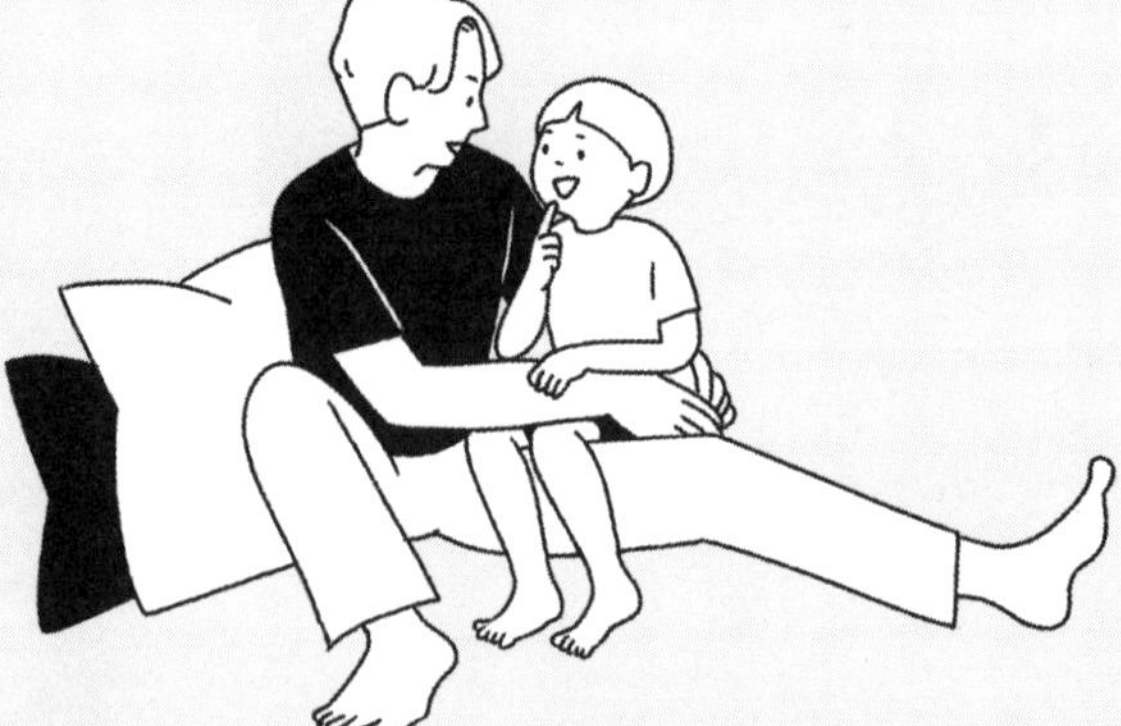

Q 子どもがテストで悪い点数を取ってきてしまった。どう反応したらいい？

会話例

いつもより遅い時間に帰ってきたタクヤ。どうやら言い出しにくいことがあったみたい。元気がないし、表情も暗い。しばらくはいつもと変わらない様子で接し、見守ることにしました。

すると、「今日ね、体育の時間に褒められたんだ」と話し始めます。「そうなんだ！先生になんて言われたの？」と聴いていくと少しずつ元気を取り戻したのでした。

ひとしきり、嬉しかったことを話し終えると意を決したように口を開きました。

「それでね、ママ……」

「どうしたの？」と安心させるように話しかけると、ランドセルの中から68点のテストを取り出した。

「なるほど、言いにくかったのはこのことか」とわかりました。タクヤは萎縮している。十分にまずい点数を取ってしまったということは理解しているのだろう。

「そっか。68点だったんだね」

「うん……」

「教えてくれてありがとう」

「……」

「次回頑張れるといいね。どうやって頑張るか、お母さんと作戦立てようか？」

こんな会話を交わすと、タクヤの表情は少しずつ明るくなっていき、「次は100点採るよ！」と言いました。

解説

小学生は、少なからずタクヤ君と同じような不安を抱えています。勉強に対する不安感はおうちの方が思うよりもずっと大きなものです。

でも、おうちの方の多くは、そのことに気づかず「こんな低学年の問題が何でなできないの！」「ちゃんと勉強したの？」など責めてしまいがちです。

小学校の現場でみていると、おうちの方にガミガミ叱られている子は、テストやノートに文字を書いては消し、書いては消ししています。これは、自分の学習内容や回答に自信が持てていない証拠。不安のために、何度も消してしまうのです。

これでは、学習がスムーズに進むはずがありません。責めたり脅したりすれば、子どもはどんどん萎縮して勉強への苦手意識を強めてしまいます。

おうちの方には、なぜできなかったのか、つまずいた点がどこだったのか、子どもと一緒に悩み、考える姿勢を持ってほしいです。

Q 自分の子どもが誰かをいじめていると担任の先生から連絡があった。どうやって事実を確認すればいい？

会話例

ある日、担任の先生から電話がかかってきて、「カナコさんがお友達をいじめているようなのですが、お心当たりはないですか？」と尋ねられました。

「まさか！」と思ったけれど、カナコが高学年になってから、何を考えているのかわからなくなってきている。４歳の手がかかる下の子に私がかかりっきりになってしまっているせいだろうか。

「何かの間違いだと思いますが……。話をしてみます」と言って電話を切りました。

カナコと夕飯を食べているとき「最近、学校どう？」と聞くと「別に」と鈍い反応だ。「友達の間では何がはやっているの？」「楽しいことあった？」などと話しかけていると、少しずつ話をするようになっていきました。

そのうちに「サキがムカつく」と言い出しました。「サキちゃんとは仲がよかったはずだけれど……」。そう思い返しながら「あら、サキちゃんとケンカでもした？」と調子を変えずに尋ねます。

「ううん、あいつ自慢ばっかりなんだよ。だから大嫌い。死んじゃえばいいのに」

カナコはおもしろくなさそうに言いました。

「そうなんだ。誰かのことを、そんなふうに思うこともあるよね。でも、『死んじゃえばいい』と言うのはお母さん悲しいな」

「だって、連休中に遊園地行ったとか、土曜日動物園行ったとか、そんな話ばっかりするんだよ！」

どうやらカナコはサキちゃんをうらやましかったようです。

そういえば、最近下の子が体調を崩していたこともあり、家族で出かけることがほとんどなかったことに思いいたりました。

「もしかしたら、ムカつくじゃなくて、カナちゃんは羨ましかったのかな？」

そう言うとカナコは涙目になってしまいました。

「今度の日曜日は映画観に行こうか？　カナコが観たいって言っていた映画観よう！」

「……うん」

解説

いじめをする子は心にモヤモヤを抱えていることがほとんどです。

家族から虐待されている子がクラスメイトに暴力を振るっていたり、夫婦間のひどい言い争いを聞いていた子がきつい言葉を友達に向けていたりする、ということを私はみたりきいたりしてきました。今回のエピソードのように下の子にお父さんお母さんを取られてしまったような寂しさがいじめにつながるケースもあります。

学校から「あなたの子どもがいじめをしている」と言われると、おうちの方はまず戸惑うでしょう。先生の言うことを否定したり、子どもを責めたくなったりする気持ちもわかります。

でも、その気持ちは一旦どこかに置いてください。子どもを信じる心は失わずに、本人が今どんな思いを抱えているのかを聴いてみましょう。問題の背景にある思いが見えてくるはずです。

Q 子どもが突然暴れてモノを壊してしまった。すごく興奮している様子。どう声をかけたらいい？

会話例

イライラしておもちゃを放り投げたトオル。ガチャンと大きな音がして、おもちゃがバラバラになってしまいました。「何しているの！」と怒鳴ろうとする衝動を抑えて、まずは落ち着かせます。

「ここに座ろうか？　あったかいものでも飲む？」と声をかけてみました。少し時間をおくと、さめざめと泣き始めます。「学校で嫌なことがあったの？」と聞くと、「みんなの前で失敗しちゃった」とたどたどしく話し始めました。

「うん、そうだったんだ」と話を聴きます。「もうやりたくない」というトオルに、「そうだよね。でも、失敗しても大丈夫だよ」と話をしました。

その後は、「あのおもちゃ、気に入っていたよね？　一緒に直してみようか」と提案してみました。「誰でも失敗することはあるよ。何回でもやり直せばいい。モノだったら直せばいいんだよ」、そう言うとトオルは静かに頷きました。

解説

保健室には、イライラして教室で暴れた子が連れてこられることがあります。ある子は保健室に置いてあったプリントをビリビリに破いてしまいました。子どもがひどいことをしたとしても、私は頭ごなしに叱ることはしません。まずは、どんな思いを持っているのかを確認します。少しずつ子ども自身が自分の感情の昂りの正体に気づけば、解決につなげていくことができます。壊してしまったモノに対しての振る舞いも学ばなければいけません。「失敗することもある。でも、それは直せるよ」ということを伝えるとよいでしょう。プリントを破ってしまった子には「こんなふうにくっつけたらまだ使えるよ」と見本を見せて、一緒に修復作業をしました。

Q 子どもが私の財布からお金を盗んでいる様子……。やめさせるにはどう伝えたらいい？

会話例

3年生になるマナが母親である私の財布からお金を盗んでいることが発覚しました。生まれたばかりの弟がいることもあり、忙しさに追われて、最初は「あれ？ 500円玉あったはずだけれどないな。気のせいかな？」くらいに思っていました。しかし、次第に「数千円なくなっている！」と感じるようになります。こまめに財布を確認すると明らかに自分が自宅にいるときになくなっている。しかもマナが取ったとしか思えないタイミング……。

そして、実際に取ろうとする場面を目撃。「少し話をしよう」と2人で椅子に腰かけました。マナは「ごめんなさい」とうなだれている。でも、理由は言いません。「お金がほしいと思ったらお母さんに相談するっていうのはどうかな？」「何かほしいものがあるの？」などと聴いても、首を横に振るばかり。

もしかしたら、お金がほしいわけではないのかもと思い、「じゃあ、これから夜8時は『マナちゃんタイム』にしてマナちゃんの話を聞く時間にしようかな」と言うと、急に表情が明るくなりました。

どうやら、自分の方を向いてほしいがための行動だったようです。それから、お金を盗む行為はピタリと止みました。

解説

大人が考えているお金の価値と子どもが考えているお金の価値は全く違います。大人は「お金を盗った」と聴くと、すぐに「一体何がほしいの!?」という思考になってしまいます。

でも、子どもは何か買いたいからお金を盗んだというよりも、おうちの方が大事にしているものを盗んで気を引きたいという気持ちが強いのです。

つまり、寂しさから「注目を浴びたい」「自分の話を聞いてほしい」という気持ちが大きいんですね。「こっちを向いて！」というSOSなんです。
万引きなども同様です。モノを盗むというのは精神的な飢餓状態。愛情が不足しているのです。今回のエピソードは生まれたばかりの赤ちゃんにかかりっきりで放っておかれている寂しさからきたものでした。

おうちの方は愛情をかけているつもりでも、言葉や行動で具体的に示してあげないと、子どもにはわからないことが少なくありません。一人ひとり受け止める時間を意識的に設けて、愛情を注いであげてください。

Q 子どもが「別に夢なんてない」「面倒くさいから頑張りたくない」という無気力な態度で心配。何か夢中になれるものを見つけてほしいけれど、どう働きかけたらいい？

会話例

5年生のタカオは最近ダラダラと日々を過ごして何にも興味を示さなくなりました。勉強はもちろん、友達と遊ぶのも面倒だと言っています。将来の夢というテーマの作文では「サラリーマンか公務員」と書き、理由は「安定しているから」。

何でこんなふうに考えるようになったのだろうと思っていたら、よく夫婦で「安定が一番だ」「公務員は安定していていいよね」と話していたことに思い当たりました。

そういえば、小さい頃のタカオはカブトムシやセミなどの虫が大好きだった。「昆虫博士になりたい」と言っていた時期もありました。昆虫展が近くの博物館でやっていたことを思い出し、チラシをタカオに見せて「行ってみない？」と誘いました。

「えー」と面倒臭そうな返事をしていたタカオですが、行ってみると低学年の頃と変わらず目を輝かせました。学芸員の話に耳を傾けて、楽しそうです。

帰り道で「お母さん、僕、今日のお兄さんみたいな虫の解説する人になりたいな」と言い出しました。「おお！　いいねー！　じゃあ、本屋さんで虫の本買って帰ろうか？」と言うと、「うん！」と声が弾みました。

何に対してもやる気を示さなかったタカオでしたが、その日から毎日のように買ってあげた本を読んでいる。YouTubeで虫の動画を見て、ノートにメモを取るようにもなりました。目標ができたことで、ガラリと様子が変わったのです。

解説

コロナ禍で、子ども自身も夢を描きにくい時代となっています。これからより安定志向の子どもが増えるでしょう。これはおうちの方の影響が大きいです。将来に夢を持てないことで、覇気のない「だるい」「めんどい」などを口癖とする子どもが増える可能性があります。

心理学者アブラハム・マズローによると、人間の欲求はピラミッドのように5段階に分かれており、人間は低次の欲求を満たすとより上位の欲求を満たそうとするそうです（マズローの欲求五段階説）。

夢を持つことで、最も上位の自己実現欲求を求めるようになります。生きるとは時間を使うこと。夢の実現のために時間を使えば、生きる気力がわいてきます。

ただし、いくら「夢を持ちなさい」と一方的に言ったところで、それはなかなか難しい。大事にしてほしいのは、夢を抱ける機会を用意していくことです。

エピソードでは、博物館で学芸員に会ったことで、もともと好きだった昆虫への関心を思い出し、夢に向かうパワーを得ました。音楽を聴きに行く、おいしいものを食べに行く、ドキュメンタリー番組を見る、スポーツの試合を見るなど、きっかけになるものはたくさんあります。

夏休みの自由研究などはよい機会ですね。自治体などでは「調べるコンクール」のようなイベントも行っています。一生懸命調べたりつくったりした成果をそうした場に出してみるのも手です。自由研究を渋々行う家庭が多いのですが、子どもの「好き」の可能性を広げる体験として大事にしてほしいと思います。

Q 感覚過敏の子どもが「学校へ行きたくない」と言い出した。どう解決したらいい？

会話例

ある日、クミコが学校へ行きたくないと言い出しました。

我が子の不登校発言にショックを受けつつも、とにかく一度話をよく聴こうと、いつも一緒に寝ているクマのぬいぐるみを抱かせ、リビングのソファに座らせます。

もともとクミコは細かいことを気にするタイプ。クマさんがないと夜寝られないし、担任の先生からもよく不調を訴えて保健室に行く回数が多いと聞いていました。

「最近暖かくなってきたね。クマさんのお洋服、夏用のものに変えようか」

一緒にぬいぐるみの服を変えながら、学校のことを聴いてみます。

「何か嫌なことがあったのかな？」

「……匂いがいやなの」

「そうだったの。何の匂いがいやだったの？」

「給食の匂い。気持ち悪いの」

どうやら、最近給食でニンニクを使った料理が出て、そのときの匂いで吐き気をもよおしてしまったらしいのです。

「具合が悪いときは無理をしなくていいんだよ。ニンニクが入っているおかずがあるときは、別のところでご飯を食べられるようにしてもらおうか？」

そう言うと、クミコはホッとしたように「明日は学校行く」と言いました。

解説

感覚過敏の子や「繊細さん」と呼ばれるＨＳＰの子が、最近増えているようです。感覚過敏には、大きく分けて視覚過敏、聴覚過敏、嗅覚過敏、味覚・食感過敏、触覚過敏があると言われています。

子どもは「気持ちが悪い」「無理」と言って、刺激のもとを避けようとしますが、大人はその感覚を理解できず「ワガママ言わないの！」と諭してしまいがちです。

でも、感覚過敏はワガママではありません。無理に押しつければ、気分が悪くなってしまったり、体調を崩してしまったりします。

「何がダメなのか」「どうダメなのか」をしっかり確認し、対応する必要があります。

家庭でも、子どもに感覚過敏の症状が見えるようなら「子どもの言っていることはワガママだ」と捉えるのではなく、子どもが苦手としているものを特定してください。

そして、どう対処したら楽になるか子どもと一緒に話し合い、担任の先生や保健室の先生に相談してみましょう。

第３章のまとめ

❶まずは子どもに信頼してもらう

❷一人ひとり「尊重」「集中」「肯定」して聴く

❸みるシーン、手を動かすシーン、一緒に何かをしているシーンで聴く

❹話しやすさをつくる

❺読書や感情の「見える化」で、一緒に気持ちを表す言葉を探す

❻NGワードを避ける

第4章

体が強くなる習慣をつくる

強い心には強い体が必要

健康な体は全ての基本です。

強い心には、健康な体が欠かせません。心と体は強く結びついています。どこかが痛いと元気が出ないですよね。寝不足だと頭が働かないはずです。

また、そうしたわかりやすいこと以外にも、自律神経のバランスの乱れがさまざまな不調につながることもあります。便秘をしたり、食欲不振になったり……。まさかと思うかもしれませんが、脱毛したり、失語症になったり、突発性難聴になったりもします。

まずは、健康な体を育てるための習慣づくりをしましょう。

健康な体をつくるために欠かせないことは次の6つです。

①睡眠
②運動
③食事
④排便
⑤歯みがき
⑥ストレス解消

この6つの習慣化を目標にしましょう。

また、今何らかの不調を抱えている場合、この6つの習慣を見直していくことで、健康的な心と体づくりにつなげていくことができます。毎日の生活のどこに問題があるのか、みる・聴くシーンで、子どもと一緒に考えてみてください。

そして、私は性教育も健康な体をつくる上で、欠かせないと考えています。親子で性について話す習慣を持てるよう、いつどんなことをどう話すべきかお伝えします。

chapter 4

体づくりのコツ

小学校は習慣をつくるチャンス

習慣の重要性

小学校では、さまざまなルーティンがあります。

全校朝会や授業、給食や掃除、帰りの会などを行うのは、**子どもにとって、繰り返しが大事な意味を持っている**からです。

人間には8つの発達段階があると言われています（発達心理学者エリク・ホーンブルガー・エリクソンが提唱した「エリクソンの発達段階説」より）。その中で、小学生の時期は、繰り返し「勤勉」に訓練することでよい習慣（学習習慣・生活習慣など）を身につけさせるのに最適な時期だとされています。

よい習慣というのは、特別なことだけを指すわけではありません。例えば、簡単なところからいうと、朝起きて夜眠ることもよい習慣です。それができず昼夜逆転していると、中学生や高校生になったとき、社会人になってからもずっと苦労してしまいます。

あえてこんなことを繰り返さなくてもいいだろうと思うものもあるかもしれませんが、規則正しく行動することを覚えるために、子どもにはその「あえて」が重要です。

ただし、強要しても続きません。無理強いしたところで、突然反発して、習慣化を放棄してしまうのがオチでしょう。

だから、**子どものうちは「楽しく繰り返す」ことが大事**なのです。もちろん、子どもによって楽しいと感じることは違います。その子に合わせて、習慣化する方法を変えていく必要はあるでしょう。

本章では私が実践してきた楽しく習慣化する方法をお伝えしますので、日々の暮らしの中で、ヒントにしていただけたらと思います。

継続が自己肯定感を高める

「何かを続ける」という目標を達成することは、子どもの心にもとてもよい影響を与えます。一つのことをやり抜くことで、自己肯定感を高めることにつながるのです。

強い心を育むのに最も有効なことはよい習慣を重ねていくことであるとも言えます。

「人間は習慣でできている」のです。

大人になって強い心や体を持てるかどうかは、子どものうちにどれだけ健康的な習慣を身につけているかにかかっていると言ってもよいでしょう。

中学校は3年間しかないため、なかなか毎日の習慣を見直したり、健康や勉強の妨げとなるような習慣の改善をしたりすることが難しくなります。6年間ある小学校では、適切な習慣づくりを行うことができます。

基本的な生活習慣や学ぶ習慣の中で、忍耐力、やり抜く力をつけることができます。

そして、それらを継続することで自分自身への自信につなげていくことができるのです。

chapter 4

体づくりのコツ

おうちで楽しく続けられる仕組みをつくる

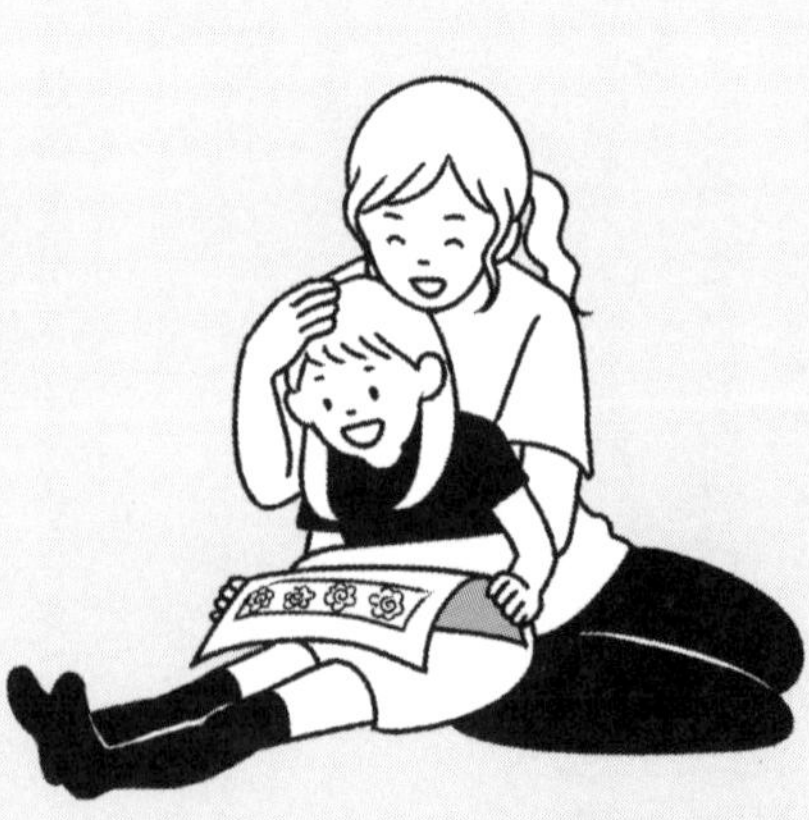

「子どもも大人も楽しく！」が基本

毎日自分で起きる、朝ごはんをきちんと食べる、自分から宿題に取り組むなど、小学生のうちに習慣化した方がよいことはたくさんあります。

でも、初めから全てを完璧にはこなせないでしょう。子どもがやるべきことを単純に忘れてしまっていたり、遊びを優先したかったり、ということがあると思います。そのたびに「これをしなさい」「あれをやりなさい」と言っていると、おうちの方もクタクタになってしまいますよね。子どもも自分の意思を無視した言い方をされると「今やろうと思っていたのに」「そんなに急かさないでよ」「何でやらなきゃいけないの」という気持ちになってしまいます。

子どもにとっても大人にとっても、負担にならない習慣づくりを目指しましょう。

そのためには、まず子どもが楽しみながら取り組める仕組みをつくることが大事なのです。

おすすめは**「1週間のがんばりシート」**です。

まず一つだけ、毎日やるべきことを決めます。そして「帰ってきたらすぐ宿題をする」「一人で決まった時間に起きる」など、目標としていたことができたら、子どもが好きなシールを貼ります。

ちなみに、学年に応じてシールのデザインを変えてあげると喜びます。「今日、一人で起きられたね！」などの誉め言葉も忘れずに。シール以外に、花丸やスタンプなどでも代替できます。子どもが喜ぶツールを選んであげてください。

1週間続けられたら「すごい！　1週間一人で起きられたね！」とシールでいっぱいになったシートを子どもと一緒に眺めて褒めてあげましょう。1週間続いたことがわかるように、大きなシールを貼る、大きな花マルを描くなどしてもいいですね。

成果を目に見える形にすると、達成感を覚えやすくなります。それによって「自分はやり遂げられるんだ」と自己肯定感が高まります。

1週間のがんばりシート

【日にち】	／	／	／	／	／	／	／
【目　標】							
1週間がんばった　　　ちゃん／　　　くんへ							

※目標例：一人で起きられたかな？

また、達成度を高めるためには、**スモールステップを踏ませて、最後までやり遂げられるようにすることが大切**です。あまりにもハードルが高いと続きません。なかなか達成できないと、やる気を失い、自己肯定感も育まれません。

例えば、学校から帰ったら10分だけ教科書を読む。起きられなくてもいいから、7時に目覚ましを鳴らすなど。子どものレベルに合わせた目標設定をします。

やりきったという達成感を得ることは、さまざまなことにチャレンジしようという意欲につながっていきます。

子どもが生活や学習の習慣づくりの中

で小さな成功体験を重ね、周りの大人から褒められる、自分で自分を褒める機会を増やすことが大切です。

一番のご褒美は「おうちの方の笑顔」

子どもが習慣を続けていく上で最も大切なことは、おうちの方の応援と笑顔です。子どもはとにかくお父さんお母さんのことが大好きなんです。

「頑張ったね」
「すごいじゃん！」
「さすがだね」

そんなふうに、おうちの方から笑顔で言われることが、一番の励みになるのです。毎日決めたことをできたとき、「1週間のがんばりシート」を最後までやり抜くことができたとき、思い切り褒めてあげましょう。

「やり抜いたら、お母さんお父さんが喜んでくれるんだ！」ということを覚えると、その他のことに対しても率先して頑張ることができます。

悪いことはあえて指摘しない

こうしたことをお伝えすると、「褒めることの重要性はわかりました。でも、できないときは叱らないわけにもいかないですよね？」と質問されます。

でも、できないことがあったり、悪いことをしたりしても、あえて叱らないという接し方を私はおすすめしています。

小学校の教室では、悪いことをしていても見て見ぬふりをすることがあるんです。もちろん、他の友達に危害を加えるようであれば止めなければいけません。ただし、そうでなければ、「スルー」する。**悪いことをするたびに注意していると「悪いことをすると、先生は注目してくれる！」と子どもが覚えてしまう**からです。先生の気を引きたいがために、いたずらしたり騒いだりするようになるのです。

だから、**よい行いに注目して褒める**ようにします。

「今、友達が落とした消しゴム拾ったね。優しいね！」
「困っていた友達を助けてあげたね、すごい！」
「濡れていた床をふいてくれたの、ありがとう」

よく見ている先生は、そうした子どもたちの「褒め」ポイントを決して見逃しません。そして、子どもたちは先生が細かいところを見てくれていると安心し、よい振舞いを重ねようとします。自然とよい方向に向かっていくのです。

これは家庭の中でも生かしてほしい考え方です。わざと悪いことをしているようなときにはガミガミ言わない。見ないふりをする。

もし、**改善されないようであれば、話を聴く時間をつくりましょう**。やらないのには何か理由があるはずです。心の不調があるのかもしれません。一方的に大人の常識を押しつけるのではなく、子どもの言い分に耳を傾け、解決策を一緒に考えることが大切です。

私は学校で一人の子どもにつき、何か3つ悪いことをしているのを見たり聞いたりしたときは、本人を校長室に呼び、複数の教員で話を聴いています。子どもは大抵自分がよくないことをして呼び出されたのだとわかっています。だから、責めずにこれからどうしたらいいか一緒に考えます。

よいことができたら一つ一つ丁寧に褒める。この繰り返しにより「お母さんはよいことをしたら、喜んでくれるんだ！」と子どもは学んでいきます。

こうしたことを踏まえて、体づくりの習慣を身につけさせましょう。

chapter 4

体づくりのコツ

子どもの健康的な体づくりのポイント

①睡眠不足は早急に解消する

人間にとって睡眠は疲れを癒やすために欠かせません。

睡眠中は成長ホルモンが分泌されます。子どもにとっては、正常に発育するための重要な時間でもあるのです。十分な睡眠を取っていなければ、疲労が回復せず、体の発育が不十分となる可能性があります。

体調を崩したり気力や体力を失ったりもしますし、学力低下の要因になることもわかってきています。

一般的に、**子どもは大人よりも多くの睡眠時間が必要**です。7歳であれば10時間30分、11歳であれば9時間30分必要だと言われています（成田奈緒子著『早起きリズムで脳を育てる―脳・こころ・からだの正三角形』芽ばえ社）。

睡眠不足には夜型の生活が関係しています。

最近では、仕事で帰宅が遅いおうちの方の生活リズムに合わせて、子どもが夜型になり、睡眠不足による不調が増えていることが問題視されています。

子どもの睡眠時間を目安に、1日のタイムスケジュールを決めましょう。子どもに必要な睡眠時間から逆算して、布団に入る時間、歯みがきをする時間、夜ごはんを食べる時間などを決めていくと、子どもの成長によい習慣が自然と見えてきます。

子どもが一人で寝つけない場合は「入眠儀式」をつくるとよいでしょう。例えば、寝る前は消灯する。毎日でなくても、絵本の読み聞かせをして、続きを期待させてもよいでしょう。

子どもの睡眠に対しては、次のような質問をよく受けます。

「うちの子は今2年生で、夜11時に寝ていますが、不調な様子はありません。遅寝でも元気ならば問題ないでしょうか?」。

夜の11時前くらいになると、脳下垂体から成長ホルモンが出ます。このホルモンは「疲労回復ホルモン」とも呼ばれており、血液にのって全身へ運ばれます。寝る時間が遅くなると、このホルモンが分泌されず、疲労や成長不良の原因となります。

また、布団に入る時間が遅いと、安定した睡眠に導くメラトニンの分泌も悪くなります。

さらに、夜型だと朝になっても体温が上がらず目覚めにくくなったり、夜10時になっても体温が下がらず眠くならなくなったりします。こうして1日の体温のリズムが乱れて、午前中にボーッとしたり、疲れやすくなったりしてしまうのです。

今は元気でも、だんだん不調が出てくるかもしれません。早めの対策をおすすめします。

「休みの日は昼頃まで寝かせてもよいでしょうか？」という質問もありました。

私たちが朝になると自然に目が覚めるのは、体内時計の働きがあるからです。

子どもが疲れているなら眠りたいだけ寝かせておきたいという優しさからのお考えであることはわかります。でも、体内時計を乱すような睡眠の習慣は子どものためになりません。

よい睡眠を取るためには正しいリズムが大事なのです。規則正しい睡眠が健康の土台となります。小学生一人でその習慣を築くことは難しい。つまずいてしまいがちな部分を、おうちの方がサポートしてあげてください。

子どもの睡眠については以下の点を意識しましょう。

①早起きから始める早寝

昼近くまで寝ていたら、早く寝ようとしてもなかなか寝つけません。初めは辛いかもしれませんが、まずは早起きすることからスタートです。

②昼間は体をよく動かす

適度に運動したり遊んだりすることで、夜には眠くなります。ぐっすり眠るために、昼間は体を動かすようにしましょう。運動についてはP191以降で述べます。

③眠る環境を大切にする

ベッドに入る直前までゲームをしていたら脳が活性化して寝つきが悪くなってしまいます。ゲームやスマホ、おもちゃなど、**睡眠に不要なものはベッドの近くに置かないようにしましょう。**

眠る直前は、遊びや勉強の道具など日中の活動に関するものは片づけて、ゆったりした時間を過ごし、きちんと照明を消してから、ベッドに入るようにしてください。

②健康的な食事のための工夫をする

食事は体をつくるための重要な栄養源です。しかし、最近小学生の食事習慣について気がかりなことがあります。

①朝食を食べない

朝ごはんを食べずに学校に来る子どもが増えています。朝食を食べないと、午前中に頭や体が働きません。学習にも運動にもよくない影響が出てしまいます。

②糖質過多

お菓子類を食べすぎる子どもが増えているようです。肥満や糖質依存につながる可能性もあります。

③無理なダイエット

高学年の女子に多いようです。お菓子の食べすぎや運動不足で肥満気味なのであれば、量を制限するなどの**食事内容の改善は必要でしょうが、小学生のうちに食事制限をしてはいけません**。

大人のダイエットのマネをして厳しい食事制限を行うと体の成長を妨げてしまいます。ダイエットが必要だと感じるなら親子で話し合って、適切な食事や運動の習慣をつくりましょう。

④孤食

最近では、子どもたちの孤食が問題視されています。

学年が上がるにつれ、夕食を一人で取ることが多い子どもが増えていきます。「大きくなったから、夕飯くらい一人で食べられるでしょ」と思うかもしれませんが、子どもだけで食事を摂ると、どうしても栄養が偏ってしまいます。

こうした問題を解決するには、おうちの方が**できるだけ子どもと一緒に食卓を囲む**

こと。一緒に食べれば多少の好き嫌いはあったとしても、バランスのよい食事を促すことができます。

仕事などで忙しく難しい場合には「今日何を食べたの？」と聞くようにしてほしいですね。「お母さん（お父さん）はこんなのを食べたよ」と食べ物の内容を共有することで、食事への興味が生まれるでしょう。

食事の内容は一般的に一日30品目食べるとよいと言われています。毎日は難しいと思いますが、残ったおかずや火を通して調理しやすくした食材を小分けにして冷凍するなど、緑黄色野菜や肉・魚といった成長に必要な食物を子どもが簡単に摂れるように工夫していけるとよいですね。

③家の中や近所でできる運動をする

近年、運動不足の子どもが増えています。

コロナ禍で家から出られない状態が続き、さらにその傾向が強まりました。最近では、子どもの遊びがYouTubeやゲームなどに移っていることも体を動かす機会が減ってきた要因でもあります。

子どものうちから運動習慣を築けないと、大人になっても体を動かすことがなく、生活習慣病につながる可能性があります。

外出が難しいときは、家でできるさまざまな運動に親子で挑戦してみてください。例えば、**タオルの引っ張りっこ**。タオルの右端を子ども、左端をおうちの方が足をのせて、指を使って引っ張り合う。子どもの方が足の指が器用な傾向があります。子どもにとっては「大人に勝てる」楽しさを感じられるでしょう。

他にも、**押し相撲**や**足の指でビー玉掴み競争**なども自宅でできる簡単な運動です。運動が苦手な子も、家の中でちょっとした体を使ったゲームから始めて毎日続けられるようになるとよいですね。

こうした足裏を使った運動は、最近の子どもに多い扁平足《へんぺいそく》の対策にもなります。足裏を使うことで、土踏まずがきちんとできていくのです。

また、自宅の前でできる**縄跳び**もおすすめですね。小学校からも、冬休みになると

足の運動

①芋虫歩き

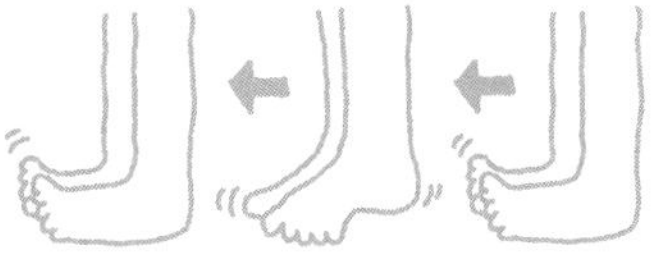

②ビー玉つかみ

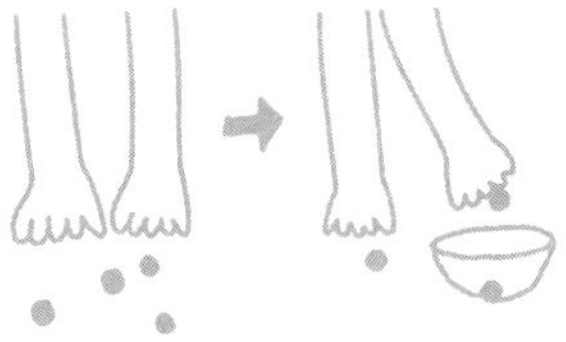

③タオルの引っ張りっこ

④足でつなひき

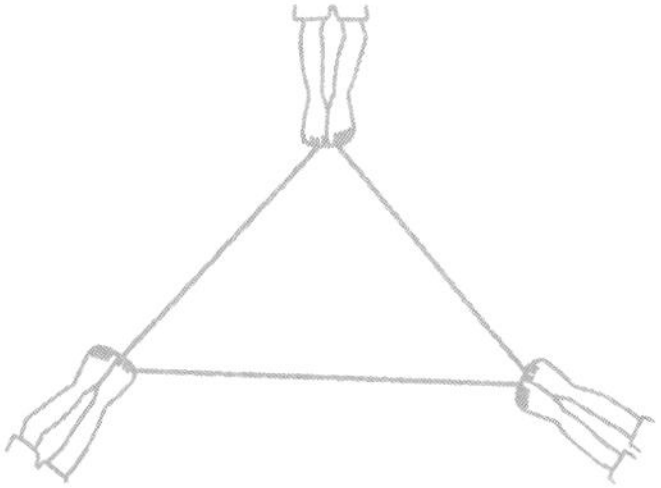

⑤つまさきの曲げのばし

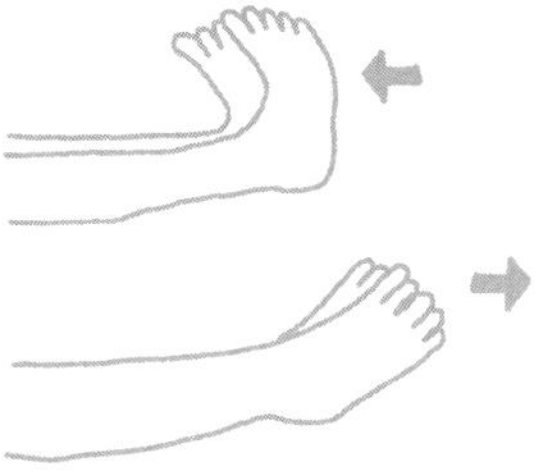

⑥手押しずもう

なわとび検定

級＼種目	前とび	後ろとび	かけ足とび	かけ足とび後ろ	あやとび	あやとび後ろ	交差とび	交差とび後ろ	二重とび	後ろ二重とび	あや二重とび	後ろあや二重とび	二重交差とび	合格印
1級								30	30	5	10	5	3	
2級						50	50	20	20	3	5	3		
3級				50	50	30	30	10	15		3			
4級		50	50	30	30	20	20	5	10					
5級	50	30	40	20	20	10	10	3	5					
6級	40	20	30	10	10	5	5		3					
7級	30	10	20	5	5	3	3							
8級	20	5	10	3	3									
9級	10	3	5											
10級	5													

※数字は回数

縄跳びの宿題が出されます。どこでも気軽にできる上に、体力増進につながるからです。

習慣にするためには、**検定シート**などを活用しましょう。どれだけ回数をこなせたか、どんな飛び方ができるようになったかを記録します。

これも、シールを貼ったりスタンプを押したりすることで、子どもは承認欲求を満たされて、楽しく取り組めるようになるでしょう。

④便意がなくても毎朝トイレへ

栄養摂取だけでなく、排泄も健康な体づくりにおいては大切なことです。

最近では、便秘になる子どもが少なくありません。便秘による健康への弊害は多く、食欲不振、腐敗したガスによるおなら発生、腹痛、倦怠感、意欲の喪失、皮膚の吹き出物など、挙げだしたらきりがありません。**「大腸が健康であれば、体は健康」**と言っても過言ではないでしょう。

とにかく、**小学生のうちは登校前に排便する習慣をつける**こと。特に、男の子はお腹が弱い子が多いようです。朝の排泄習慣があれば、子どもも大人も安心できます。

まず、**朝起きて、何時にトイレに行くと決めます**。便意がなくても、とりあえず便座に座ることを毎朝のルーティンに入れておきます。**朝ごはんをしっかり食べる**ことも排便を促します。朝余裕をもって、食事・排便ができるように早寝・早起きの習慣も大切ですね。

このように、ある習慣づくりをすると、その他の習慣づくりにもつながっていきます。一つの習慣ができれば、別の習慣もできるようになるでしょう。
また、小学生のうちに一度癖をつければ、中学生以降も継続できるはずです。
全部一気に完璧にやらせようとすると、大人も子どもも大変ですが、とりあえず何か一つ身につけることを目標に頑張ってほしいと思います。

⑤口の中から全身の健康を守る

私は口腔内の専門家でもあります。これまで、子どもたちの口の中の健康を守ることに力を入れてきました。「むし歯を減らして健康教育」を推進し、文部科学大臣賞をいただいたこともあります。

なぜ、私がここまで歯の健康を大切にしているのか？　それは、**歯の健康と体の健康が密接に関わっている**からです。

例えば、歯の周りにベタベタしたものがついていることがありますよね。これはミュータンス菌という菌の排泄物です。排泄物が口の中にあるなんて、ちょっと気持ち悪いですよね。

実は、その排泄物が血管の中を通って脳に達すると、炎症につながる危険性があると指摘されています。具体的には、脳出血など重篤な病気を引き起こすことがあるのです。歯みがきをしないと、気持ち悪いだけでなく、恐ろしいことになるというわけです。

実際に、日本では大きな災害時に歯を磨くことができず、歯周病になって菌が耳にまわり、音が聞こえにくくなってしまった方がいました。震災の際、歯磨きセットが手に入らない場合には、ガーゼやティッシュで歯の表面を拭いて処置してください。

口の中の菌は血管の中を通って、全身にまわるリスクがある。だから、歯磨きはとても大事なのです。子どものうちから習慣として必ず身につけておきましょう。

とはいえ、歯磨きを嫌がる子どもは少なくありません。

毎朝毎晩子どもが「歯みがきなんてしたくないっ！」という調子では、さすがに嫌になってしまいますよね。「そんなこと言わないの！」と怒りたくなる気持ちもわかります。

でも、ここはちょっと我慢です。**子どもの「やりたくない」気持ちの背景を探りましょう。**頭ごなしに叱るのではなく、何で嫌なのかを尋ねてみてください。**「面倒くさい」という理由だったら、歯を磨かないリスクをきちんと話してみましょう。**初めは理解できなかったり、すぐ忘れてしまったりするかもしれませんが、繰り返し説明しているうちにわかってくれるはずです。P199のようなイラストなど、目で見て楽しく学べるようにしてあげると、もっといいと思います。

それから**「歯磨きカレンダー」**を運用してください。シールを貼ったりスタンプを押したり、楽しく習慣づけをしていきましょう。

私も夏休みには、子どもたちに歯磨きカレンダーの記入をしてもらっていました。夏休み明けには、全校児童600人超分をチェックして「よく頑張ったね」「こういうところをもう少し頑張ろう」と記入して返却しました。こうして、子どもたちの歯の状況を把握し、指導していたのです。

口の病気が体におよぼす影響

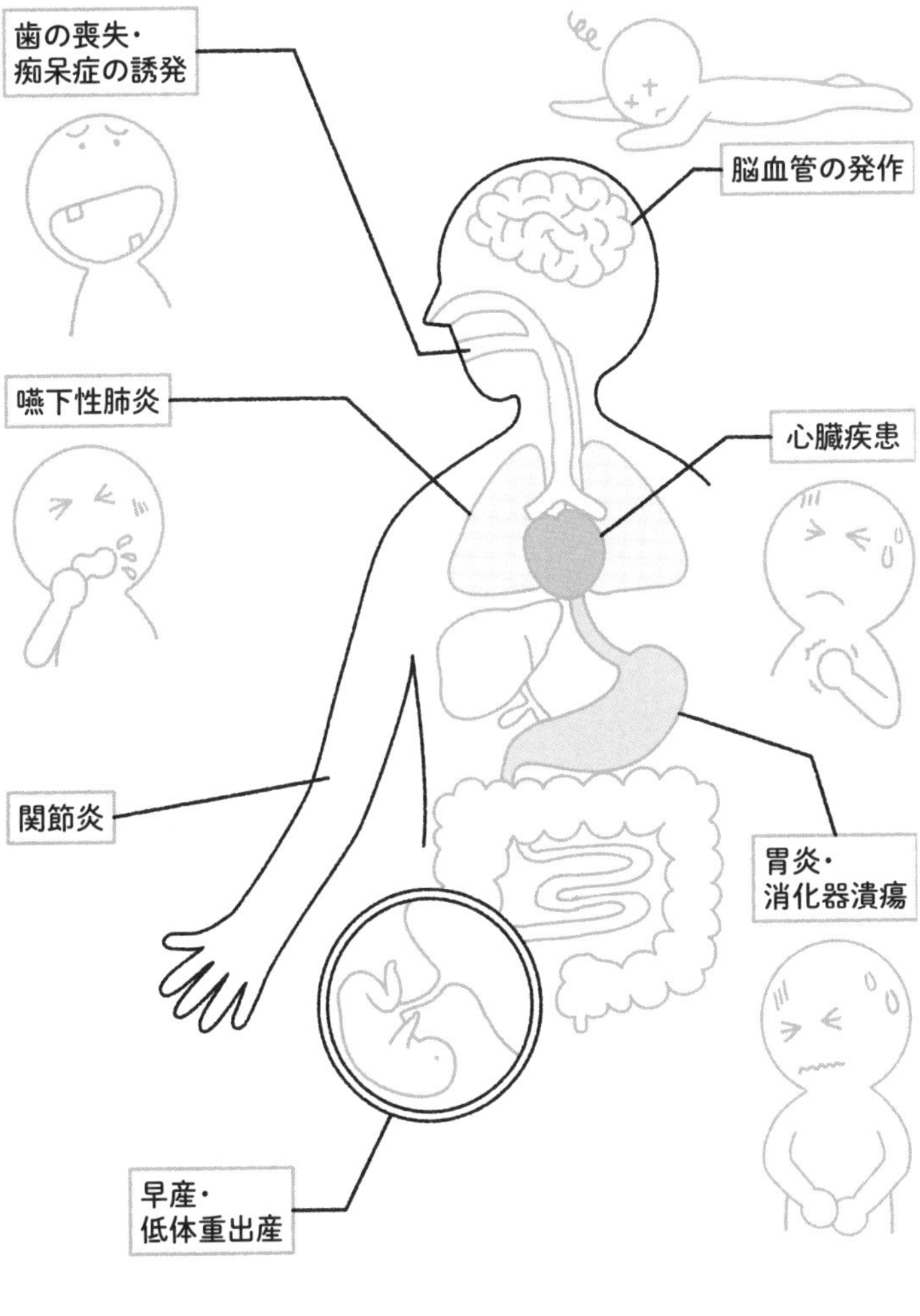

歯みがきをしたくない理由は、他にもあるでしょう。「歯磨き粉が気持ち悪い」「うまく磨けない」「磨き方がわからない」など、いろいろな言い分が出てくると思います。

その場合は、歯磨き粉を別のものに変える、「歯の裏側や奥の方は丁寧に磨くんだよ」と声かけしながら仕上げ磨きをする、お手本を見せるなど、対応していきましょう。コミュニケーションの中で具体的な理由を見つけ、一緒に解決を目指していくことが大切です。

⑥ＳＯＳを出すことを覚える

生きていれば人間誰しもストレスを感じます。なるべく避けられるとよいのでしょうが、全てを回避することは難しいものです。

そこで、子どもに「ＳＯＳを出す力」を身につけさせましょう。

誰かに悩みを相談することで、子どもの心はずっと楽になります。

そして、一番子どもの話を聴くことができるのは、最も子どもの身近にいるおうちの方です。**子どもが大人に助けを求められるようになるには、おうちの方が子どもに関心を向け、話に耳を傾けることを習慣にすることが大切**なのです。

さらに、運動や外遊び、友達と話すなど、**その子に合ったストレス発散法を見つけられるとよい**でしょう。「イライラしたとき、どんなことをすると心が落ち着くか」「落ち込んだとき、何をすると楽しい気分になるか」「緊張しているとき、どうしたらリラックスできるか」などを家庭で話し合ってみるとよいかもしれませんね。

日々のストレスをうまく発散する習慣を小学校段階で身につけてほしいと思います。

chapter 4

体づくりのコツ

小学校低学年から性教育で体と心を育てる

性教育は命の教育のチャンス

意外に思うかもしれませんが、健康な体をつくる上で性教育は重要です。

なぜ、健康的な体をつくるために、性教育が必要なのでしょうか？ それは**性を通して自分の体を知ることで、体の不調を緩和する方法や異変を感じたときの対処法を学ぶことが健康な体をつくることにつながる**からです。

また、私の考えでは、**性教育は自分自身が大切な存在であると気づき、他者も同じように大切にすべき存在であると知るためのもの**です。性にまつわることで傷ついたり傷つけたりすることのないようにするためのものでもあると考えています。

幼いうちから性教育を行うべき理由はたくさんあるのです。

でも、性についてどのように子どもに伝えればよいか……。迷うおうちの方は少なくないでしょう。「時機が来たら言おう」と後回しにしている方も多いかと思います。

ただ、子どもが成長すればするほど言いにくくなるのが性の話です。

幼いうちは、性に対して明確かつ特定のイメージを持っていません。何の先入観もない状態の方が、伝える側の親にも聞く側の子どもにも抵抗感がないものです。結果として、きちんと伝わります。

性教育は「命の教育」をする絶好のチャンス、と捉えましょう。初めから全てを伝えようとしなくても大丈夫です。**まずは、お子さんが周りの祝福をたくさん受けて生まれてきたことから話してください。**愛され望まれて生まれてきたという事実は、自分は大事にされるべき存在であるという自己肯定感につながります。そして、将来愛する誰かと子どもを育むときに生かされます。

性教育は決して話しにくく、気まずい話題ではないんです。そう思っているのは、大人だけということにまずは気づいてもらえたらと思います。

性教育のポイント①：小学校3年生までに「命」の話をする

では、具体的にいつ何をどのように、子どもへ伝えるべきなのでしょうか？

目安としては、小学校3年生くらいまでに生命の誕生の話をしてほしいですね。このとき、性行為そのものについて、詳しく語る必要はありません。

「人間は、植物じゃないよね。動物と一緒なんだよ。動物は子孫を残すために『種の保存』につながることをするの。人間も同じなんだよ」

「お母さんには、ウンチやオシッコが出る穴以外に『命の穴』があって、そこを通って新しい命が誕生するんだよ」

こんなふうに、**命が生まれる仕組みと体のつくりの関係を「生命科学」として、子どもにとって身近な言葉で伝える**のです。

小学校では4年生の教科書で精巣と卵巣の働きや精通と月経があることなどを学びます。そして、5年生くらいになると宿泊遠足の前などに女子だけが集められ「パンツにこうやってナプキンを貼るんです」といった月経の処置について説明されます。

こうした授業のおわりに、私は生理用品の会社から配布されたサンプルと性教育のパンフレットを配り、おうちの方へ渡すように伝えています。おうちの方に「なるほど、こういうことを子どもに伝えなければいけないのだな」ということを学んでいただきたいからです。こうした学校からの発信を機会に、親子でコミュニケーションをしてほしいと思っています。

まとめると、小学校6年間で、おおよそ次のような内容を勉強します。

①男女の体の違いを学ぶ1年生
②おへその秘密から赤ちゃん誕生を学ぶ2年生
③異性への関心や反発しないで協力する大切さを学ぶ3年生
④第二次性徴や男女差、個人差を学ぶ4年生
⑤心の発達やストレス対処、情報リテラシーを学ぶ5年生
⑥ホルモンの働きや異性を思いやる接し方、エイズから人権やよりよい生き方を学ぶ6年生

「不自然にならずに性の話を始めるのは難しい……」と感じる場合は、**学校で習うタイミングに合わせて、授業の内容を親子で振り返ったり、深めたりして話をしてもよ**

いと思います。

性教育のポイント②：子どもの発達に応じて教える

ただし、家庭での性教育は学校のように計画通りに実行するのは難しいところがあります。生活の中で、急に性の話題が出ることもあるからです。


「妊娠ってなーに」

「赤ちゃんはどうやってできるの」


こうした質問が、いつどこで発せられるかもわかりません。リビングで一緒にテレビを見ているとき、週末に家族で訪れた動物園で、電車の中など。

聞かれたら黙っているわけにもいきませんね。では、何と言えばよいでしょうか。

外出先で聞かれたときは「家へ帰ったら話してあげるね」。年齢的に理解するのが難しいと思われる内容なら「これから学校で勉強するから、その後で話しましょうね」でもいい。

もちろん、その場で全てを話してもいいでしょう。そのときは次のことを踏まえて話すことです。

①子どもの発達段階を把握する
②年齢に応じた「発達課題」を理解する
③子どもの年齢に応じた言葉をつかう

質問されたときの状況、子どもの年齢や理解度によって、臨機応変に答えましょう。


今はインターネットの普及などにより性の情報へアクセスしやすい時代です。インターネットにはさまざまな情報が溢れています。中には、性に関して偏ったイメージを植えつけてしまうものもあります。自然とわかること、自分で調べればわかること、と子どもに丸投げしてはいけません。

いろいろな情報に簡単に触れることができるからこそ、段階的に正しい性の話をすることが大切です。

性教育のポイント③：性について話すシーン

家庭で性教育をするとき、どういうタイミングで切り出したらよいのでしょうか。

一般的に**話しやすいタイミングとしては、弟や妹の妊娠中や本人の誕生日、メディアに性教育の教材になるものが出たとき**などが挙げられます。

こちらから話をする場合、次のような内容がよいでしょう。話をするタイミングも目安として示していますので、参考にしてください。

①よろこびの中で生まれてきたこと→全学年
②性情報リテラシー→全学年
③命を粗末にしてはいけないこと→全学年
④トイレの使い方とマナー→1年生
⑤おへそのひみつ→2年生
⑥からだを清潔に保つこと→2年生

⑦男女の反発→3年生
⑧プライベートゾーン→4年生
⑨男女のからだのちがい→4年生
⑩二次性徴→4年生
⑪家族がそれぞれ得意な作業を担当して生活していくことの大切さ→5年生
⑫男女の交際→5～6年生
⑬動物と人間の大脳の違い（心の存在）→6年生

誕生日に「あなたが生まれてきてくれて、みんなすごくうれしかったんだよ」という話をする。お手伝いのときに男女で助け合うことの大切さを伝える。生き物の絵本を読むときや生き物に触れる機会に、脳や体の仕組みについて話してもよいでしょう。

性について話す場面として**私がおすすめするのは、一緒にお風呂に入るとき**です。男の子にはお父さんから、女の子にはお母さんなど同性の大人から話をするのがスムーズですね。

低学年のうちは、体の部位や器官の呼び方を教えるところから始めて、体に興味を持ってもらうことから始めるとよいでしょう。それから、性器をきれいにする重要性を伝えましょう。

女の子の場合は、膀胱炎のリスクもあるので特に大切です。そして、命を育む大切な部分なので、人に見せたり触らせたりしてはいけないことを教えてあげてください。男の子にはペニスに触ることを否定するのではなく「とてもプライベートな部分だから人前で触らないようにしようね」と伝えていきましょう。

性の目覚めは汚らわしいことではなく、健全なものです。恥ずかしいこととしてではなく、生きていく上で必要な知識として、正しい対処の仕方を教えましょう。

子どもから性について何か尋ねられたら、ごまかしたり、尋ねることを否定したり、嘘を言ったりせずに、本当のことを言ってください。

例えば、子どもが一緒にお風呂に入っているとき「何で大人は股間に毛が生えているの?」と疑問を口にしたら「まつ毛があるのは、目にバイキンが入ってこないようにするためだよね。つまり、大事なところには毛が生えているんだよ」と教えます。

子どもはいやらしい気持ちからではなく、純粋な興味で聞いているのです。「なんていいやらしいことを聞くの！」「まだ知らなくていい」「人間はもともとおさるさんだったからだよ」などと言うのは避けましょう。

いつでも正しくわかりやすく応えられるよう、科学的に伝える言い方を考えておくといいですよね。次のように答えてみてはいかがでしょうか。

子「どうして知らない人について行ってはいけないの？」
親「事件や事故に巻き込まれる危険性が高いからだよ」
子「どうして知らない人について行ったら、事件や事故に巻き込まれるの？」
親「知らない人が近づいてくるのは何か目的があるからなんだよ。知らない人についていって、誘拐された子もいるんだよ」

子「生理・精通って何？　どうして起こるの？」
親「(本や教科書を見せながら) 将来赤ちゃんを授かるために、体が大人に近づいている成長のあかしだよ」

子「セックスって何？」
親「お互いの愛情を確認するための行為でもあるよ」（さらりと説明する）

「いやらしい！」と思うのは、性行為を知っている大人の発想です。子どもには「大切なことに気がついたんだね」と疑問を持ったことを褒め、正しいことを教えてあげましょう。

「何で？」という問いは、とても大切です。問いがあるから興味関心を持つ心を育んでいくことができます。疑問を否定せず、学ぶ力を伸ばすチャンスと捉えましょう。

高学年になると、学校以外の場で性的なことを見聞きすることもあります。歳の離れたきょうだいがいる場合、そうした機会は増えるでしょう。

性に対する正しい知識がないまま性の情報に接触した子どもは、人前でふざけて性的な言葉を発することがあります。

以前、保健の授業中に、子どもから「先生、セックスって何？」と聞かれました。素朴な疑問として聞いているのか大人をおちょくっているのかは、態度を見ればすぐわかります。**ふざけているなら、決して相手にしないこと**です。そのときも「自分で説明してごらん」「今その話は授業に関係ないよね？　あとで先生のところに聞きに来なさい」と冷静に答えました。

低学年の場合は、駅やスーパーなど人がたくさんいるところで、子どもが「うんこ」「ちんこ」「おっぱい」などと叫んで赤面したという話をよく聞きます。そんなときも、やはり相手にしないことです。何も注意しないのは気が引けるかもしれませんが、P181以降でお伝えした通り、悪いことをしたときばかり叱っていると「これをやると構ってもらえる」と思われてしまう可能性があります。

一度はスルーして、しつこいようなら「そういう言葉は言ってはいけない時と場所があるんだよ」と冷静に伝えましょう。大人が動揺しないことが一番大切です。

性教育のポイント④：保健室の先生にきいてみる

性教育が大切なのはわかるけれど「セックスって何？」なんて子どもに急に聞かれ

たら、やっぱりどうにも応えられない……。

そんな場合には、保健室の先生に託してもらっても構いません。

「よく気がついたね。保健室の先生に明日聞いてみたら？」

「よく知っているね。ママより保健室の先生の方が教えるのが上手だと思う。今度聞いてみたらどうかな？」

こんなふうに伝えてみてください。

もしくは、子どもから性にまつわることについて聞かれたらどんなふうに答えるべきか、事前に保健室の先生に尋ねてもらえたらと思います。

保健室の先生は性教育を伝えるための知識や、性教育の絵本や紙芝居などのツールを持っています。私自身、性教育の授業を担当しています。

子どもの性教育に悩んだら、保健室の先生をぜひ頼ってください。

第４章のまとめ

❶ 楽しく習慣を身につけさせる
❷ 続けることで自己肯定感を高める
❸ できなくても注意しすぎない
❹ 早寝早起き
❺ 一緒に食事する機会をもつ
❻ 家の中・近所でできる運動を増やす
❼ 毎朝トイレに行かせる
❽ ストレス解消法をつくる
❾ 歯みがきを必須にする
❿ 学年ごとに性の話をする

第5章

強い心が育つ習慣をつくる

「好き」のパワーが心を強くする

第1章で、心を強くすることは、非認知能力を高めることであるとお伝えしました。

この非認知能力を育てる上で、私が大切だと思っていることは「好きなこと」を見つけることです。

時間を忘れるくらい夢中になれること、好きなことは、厳しい時代を生き抜くエネルギーになります。辛い、悲しい、失敗した、頭にくる……。心が折れてしまいそうなことがあっても、好きなことに対する情熱があれば、乗り越えられると思うのです。

小学校の時期は、学業を通して、子どもの得意・不得意が見えてきます。つまり、得手不得手を把握するよいタイミングなのです。

子どもの苦手なことがわかってくると「将来いろいろと困ることの

ないようにしてあげたい」という親心から、ついつい苦手を克服させようと考えるでしょう。

確かに、それも大切なことだと思いますが、好きなことを見つけてからでもよいのではないでしょうか。好きなことがある方が、苦手なことも頑張ってなくしていこうと思えるはずです。

走るのが好きなのか、絵が好きなのか、音楽が好きなのか。子どもの「好き」を見つけて、伸ばしていくことを大切にしましょう。

最近増えているさまざまな子どもの依存についても、この好きのパワーは有効だと思います。

好きなことがあれば、誘惑にも打ち勝てるのではないでしょうか。ただ、依存のパワーにはすさまじいものがあります。対抗する術を早いうちから身につけておくべきでしょう。

第5章では、子どもの「好き」を見つけて伸ばしながら、依存に対する予防策をお伝えしていきます。

chapter 5

心づくりのコツ

子どもの好きや得意を伸ばす習慣の基本

内発的動機を見出す

「好き」のパワーは内発的動機と呼ばれます。

それに対して、頑張ったらモノがもらえるとか、褒めてもらえるといったことは外発的動機と言います。外発的動機を完全に否定はしませんが、何かに取り組む際、ご褒美をもらうことをいつも目的にしてしまっては、自分が本当に好きなことを見失ってしまいます。

小学生の頃の「好き」には内発的動機として、大きな力があります。大事に育てていけば、中学生以降将来の学びや仕事につながる道を見つけることができます。

アメリカでは13歳くらいから自分の仕事を明確に意識し始めると言います。これは「好き」を軸にした教育を大事にしているからという側面もあると言えそうです。

日本も高校生になると、卒業後の進路について、それぞれ個人で選択することになります。そのため、子どもが小学生のうちは「将来のことは、まだまだ先」と思うかもしれません。

でも、子どもが高校生になってから突然やりたいことを見つけることは少ないでしょう。つまり、小学生のうちから「好き」を探し、育てる習慣を持つ必要があるのです。好きを行動の核にすることで、強い心を育みましょう。

さらに、「好き」のパワーで子どもが成長していくには、さまざまなことに一人でチャレンジすることが必要です。チャレンジの後は、失敗や成功の理由を振り返り、書き出すことを習慣にしましょう。

日々の選択から「好き」を見つける

子どもはもともと自分の「好き」や「得意」を持っていますが、それらを伸ばしていくには少し工夫が必要です。私が重視していたのは、選択肢を与えることです。

「デザートは、バナナとリンゴだったらどちらがいい？」
「今日着るTシャツは赤と青どっちにする？」

「腕時計は革のベルトのやつと金属のベルトのやつ、どちらがいい？」

日常生活のこうした選択が、自分の意志を持つことにつながります。選ばせるものは簡単なものでOK。今日食べるもの、身につけるもの、使うものなど、何でもいいのです。いろいろなことに対して、自分の意志を持たせるようにします。

私は自分の子どもにも、保健室に来る子どもにも「自分が好きだと思うことを仕事にしなさい」と言ってきました。自分が好きなことだったら長く続くからです。

私自身、養護教諭の仕事が好きだったので30年以上続いたと思っています。家庭との両立はもちろんのこと、雪の降る日に出勤することや研究会に向けて夜遅くまで残って準備することも大変でした。それでも、根底に「この仕事が好き」「子どもが好き」という思いがあるから続けられたんです。

日本の教育では、昔から「苦手なことも努力して全て克服すること」を美徳とするところがありますが、私は「苦手なことをやらなくていい」と伝えています。将来についても同じ。打算的な理由で、嫌いなことを仕事にしたら悲惨です。

例えば、子ども嫌いなのに学校の先生になったら毎日苦痛でしょう。教わる子どももかわいそうです。

全ての子どもに「好き」を大事にして仕事に就いてほしい。そのために、自己決定する経験を大事にしてもらいたいのです。

「いやなこと」は先に終わらせる

多くの子どもが勉強への心配事を抱えています。

特に「宿題やらなきゃ」というプレッシャーは、ほとんどの子どもが感じています。

大人の側からすると「すぐに宿題を忘れる」「やらないで済まそうとしている」ように見えるかもしれませんが、実は子どもはずっと「宿題しなきゃ……」と心に引っかかっているのです。

小学校でも先生に「宿題を忘れました」と言えずに「学校に行きたくない」という状態まで追い詰められてしまう子がいます。逆に言うと、少し不安定だった子どもが、宿題を終わらせると気持ちが楽になったのか、スッと落ち着くこともあります。

だから**「宿題しなさい！」ではなく「宿題しちゃった方があとで思う存分遊べるよ」という表現をして、すぐに終わらせられるようサポートしてあげましょう。**

また、きょうだいがいる家庭では、教え合うことで学習が促されます。上の子は下の子に教えることで学習内容が定着しますし、下の子は上の子への憧れや真似したいという気持ちが強いので理解しようと努力するものです。

特に、よくある「音読」の宿題は、きょうだいで交互に行うとよいでしょう。

子どもたちにとって「勉強＝負担」になっている今の状況は、非常に問題だと思います。本来勉強は知らないことを知る、楽しいことであるはずですよね。いやいや宿題をこなすことが勉強のイメージになってしまうと、そのマイナスのイメージを覆すのはなかなか難しい。

だからこそ、**下校したら宿題をすぐに終わらせる習慣を持たせましょう。**帰宅後のルーティンに組み込み、自動的にできるようにする。これは、勉強への楽しさを失わないためにも重要な習慣だと思っています。第1章の「①見る」（P47以降）で勉強に集中できる環境を整えることから始めましょう。

自然な問いを深掘りさせる

日本の勉強は、成績や受験のために「しなければいけないもの」になってしまっています。でも、私は、これからの学習は先生や世間の評価ではなく、子どもの興味関心を軸にすることが大事だと考えています。

基本的に、学校での学びは答えのあることが多いですよね。

でも、一歩社会に出ると、答えのない、あるいは答えが無数にある問いが8割です。答えを見つけるためには、いろいろな人と話し合ったり、さまざまなことを調べたりしなければいけません。

今は何でもインターネットで検索すれば情報が得られます。**暗記する力よりも、自分で調べたり正しい情報を見極めたりする力や自分とは異なる考えを持つ人と話し合える力が必要**です。ご家庭ではこうした力をぜひ育ててほしいと思います。

では、興味関心を軸にした学習とは何でしょうか。

それは、**自分の中に生まれた問いを自分で掘り下げていくこと**です。

大人から一方的に与えられる問いに対して、子どもは熱中しにくい側面があります。

だから、自分の中から出てくる問いの方を大事にしてほしいのです。


「流星ってなに？」

「どうしてこの虫はこんな色なの？」

「アニメって、どうやって絵を動かすの？」


それぞれの子どもの関心を生かして、自ら学ぶ力を育みましょう。

さらに子どもの問いを生かすには「キャンプで実際に星を見てみようか？」「近くの公園で昆虫を探してみようか？」「職業体験に行ってみようか？」など**体験的に調べられる機会をつくる**とよいと思います。関連する図鑑やテレビ番組を見せたりするのもよいでしょう。

答えを教えるのではなく、**問いを大事にして調べ方を教える**ようにしてください。

「虫の話なら、○○先生が詳しそうだね」

「この図鑑に載っていないかな？」

「どんなキーワードなら、大好きな魚の話が見つかるかな？」


どんな本を読んだらいいか、どんな人に聞いたらいいか、インターネットならどんなキーワードで調べたらいいか。大人はそうしたヒントを出して、子どもの学びを助けます。インターネットを使用する際は、おうちの方も一緒だと安全ですね。

子どもが「魚が欲しい」と言ったら、魚を買い与えるのではなく、魚の釣り方を教える。興味を持った瞬間がチャンス。欲しいものを自分で手に入れる方法を伝えましょう。

「こだわりの強さ」を生かす

小学校へ入学し少し経った6月頃に多いのが、発達障がいについての相談です。保健室に「発達障がいについてのパンフレットをください」と担任の先生が来ます。

それを個人面談のときにおうちの方に見せて話をするんです。

保育園では特に問題なく過ごしていた子でも、小学校に入って勉強が始まると、なかなかできないことがあることに気づかれることがあります。静かに座っていられなかったり、一つの物事に熱中しすぎたり。そうした行動が見られる場合、「一度、発達障がいの検査をしてみましょうか」という話になるのです。

子どもが発達障がいと診断された場合「そんなはずはない」といくつか病院を周るおうちの方もいます。自分の子どもに障がいがあることを認めたくないんですね。でも、発達障がいであることを拒否しても、子どもの自己肯定感を高め、強い心をつくることにはつながりません。

それよりも**大事なことは、その個性に合った環境で育てられるようにすること**です。

例えば、ＡＤＨＤの子は自分の大好きな路線の駅名を一回覚えたら、ずっと忘れません。興味があることにはまっしぐらなんです。一方、関心がないことはできない。それなら、好きなことを思う存分できる環境にしてあげる。大人が自分の考え方を変えること。それが子どもの心を育てる上で大切なのです。

子どもの特性に合わせた具体的な環境づくりは、専門医に相談してもいいでしょう。

一般的には、机といす、持ち物に工夫をします。

例えば、長い時間でも座っていられるよう、足の着く位置に足形を書いて、自然と体幹を鍛えることができるようにしたり、幅の広い机を用意して作業しやすくしたりします。

また、モノをなくすことが多いので、モノに「ビビッ」とブザーが鳴るセンサーシールを貼り、携帯で反応音を出させたりします。

その他には、ホワイトボードに「やることリスト」を書く、身辺整理（身支度の順番を決めるなど）を習慣化する、静かな空間をつくる、心を許せる人を増やすなどが考えられます。

第5章の初めに述べたように、強い心を育てる上で、明確に好きなことがあるのは、大変よいことです。「こだわりが強い」ことを生かした学びの習慣をつくってほしいと思います。

もし悩むことがあれば、専門の先生へ遠慮なく相談しましょう。子どもの心の健康には、おうちの方の笑顔が欠かせません。まずは、おうちの方の心のモヤモヤを晴らしてくださいね。

chapter 5

心づくりのコツ

今増えている子どもの依存に注意する

「依存」する心理

強い心が育つ上で、大きな妨げとなるものがあります。子どもの依存症です。「依存症」と言うと、アルコールやギャンブルなどをイメージするのではないでしょうか。大抵、大人の病気と捉えられがちですが、最近は子どももさまざまな依存のリスクに晒されています。

そもそもなぜ依存が起きるのでしょうか。大きく2つの理由が考えられます。

①生活がつまらなく、時間を持て余している
②心身のリスクを感じ、殻に篭《こも》ろうとしている

依存度が深刻化しやすいのは、後者の「逃げている」方です。

大人は仕事のストレスや家庭内の不和など、嫌なことをアルコールやギャンブルで忘れようとします。子どもも受験のプレッシャーやクラスの人間関係などから逃げよ

うと、何かに強く依存するのです。

依存症は買い物やギャンブルなどを行うと、脳内でドーパミンが出て快感を覚えるという仕組みによって起こります。この仕組みには中毒性があるため、早めに断ち切ることができるよう対処が必要です。

依存症体質になってしまうと、常に何か物質的な刺激を求める大人になり「真の幸福」から遠ざかってしまいます。ドーパミンによる快楽の追求だけでは、真の幸福は得られません。

真の幸福を感じるためには、土台として「体の健康づくり」が必要です。次に「他者とのつながり」を大事にすること。最後に「成功体験」を目指すことが大切です。

大人も多い!? インターネット・ゲーム依存

現代社会では、スマートフォンやパソコンなどが欠かせなくなってきています。

これらは便利な道具ですが、一歩使い方を間違うと、多くの時間を奪われる「害悪」になってしまいます。

実際に、夜遅くまでゲームに熱中していて朝起きられず、「具合が悪いから今日は休む」とウソをつく。ＬＩＮＥグループで始まった会話からの抜け方がわからず、睡眠不足になるというケースなどがありました。

インターネットやゲームに没頭しすぎると、健康によくない影響が出ることが明らかになっています。学習時間が著しく減ったり、夜寝る時間が遅くなったりします。運動する時間が減り、体の発育に害を与えることも報告されています。脳の発達にまで大きな影響があるそうです。

依存の傾向としては、インターネットやＳＮＳにかける時間が長くなり、基本的な生活習慣ができなくなったり、家族や友達と関わる機会が減ったり、ということがあるようです。何かをしているときに話しかけたり、中断するように言ったりすると激しく抵抗するということも症状の一つのようです。

つまり「生活がその行為を中心に回っている」という症状がみられる場合は、依存が疑われます。

もし、普段の子どもの様子から心当たりがある場合は、Ｐ２４１以降で紹介する

「スケジュール時計」を活用して、機器の使用時間を決めましょう。

コロナ禍で急増する糖質依存

コロナ禍で家にいる時間が増えたことにより、肥満気味の子どもが増加しています。「コロナ太り」などと言われていますが、これは大人だけの問題ではなかったのです。

子どもがテレビを観ながら、お菓子を食べてはいませんか？　間食をしていないでしょうか？　大人と同じだけ食べていたら、子どもにとっては間違いなく過度な糖質摂取になります。

「砂糖の摂りすぎだったら、ちょっと太るだけじゃないのか？」なんて思っているなら厳しい言い方かもしれませんが、認識が甘いです。**糖質依存は、アルコールや喫煙をやめられないのと同じくらい深刻な状態だと思った方がいい**でしょう。

糖質を大量に摂ると血糖値が急上昇して、インスリンというホルモンが分泌されます。インスリンには血糖値を下げて脂肪をため込む働きがあるため、大量に分泌されると血糖値が下がりすぎてしまいます。すると、大脳の神経伝達物質が正常につくられなくなり、脳全体がうまく働かなくなるのです。結果として、高血圧症、高脂血症、動脈硬化などを起こす可能性もあります。肌にも影響が出ます。

次の項目に当てはまる数が多いほど、糖質中毒の可能性が高いです。

□ストレスを感じると甘いものが欲しくなる
□甘いものを食べると幸福感を感じる
□炭水化物が大好き
□清涼飲料水が好き
□集中力が続かない
□イライラしやすい
□冷え性である
□便秘である

では、糖質依存を予防するには、どのようにすればいいのでしょうか。

①食習慣の改善

糖質依存の予防には、食生活を変えることが必須です。糖質中心からたんぱく質中心の食事に切り替えていきます。ビタミンやミネラルも心がけて摂りましょう。

②食べる順番を変えてみる

初めは野菜サラダやみそ汁、スープなど、それからタンパク質を食べます。また、一口につき30回は噛んで食べましょう。

③GI値が低いものを食べる

糖質依存の傾向がある場合、いきなりごはんやパン、うどんを減らすことは難しいと思います。

まずは、できるだけGI値（食品の血糖値の上昇を表す数値）の低い食事を選ぶようにしましょう。

ちなみに、主な炭水化物のGI値は、ラーメン50、かけそば54、玄米55、パスタ65、もりそば80、白米81、うどん85、食パン91、です。

④間食の内容を変える

和菓子、洋菓子、炭酸飲料、スポーツ飲料などを買わないようにしましょう。

小腹がすいたときには、ナッツ類、無糖ヨーグルト、ハーブティー、チーズなどを摂ります。

実は多い!?「水中毒」

「水中毒」という言葉を初めて知ったおうちの方も少なくないかもしれませんね。

塩分が入っていない水を必要以上に飲み続けることで、水中毒に陥ります。塩分を含まない水を大量に摂取すると「低ナトリウム血症」になり、筋肉や神経の働きに異常が生じ、最悪の場合は死に至ることもあります。

最近では熱中症対策に「水を飲みなさい」とおうちの方も先生も口を酸っぱくして言います。そのため**特に、夏場に起こりがち**です。正しい指導ですが、注意を重く受け止めすぎた子どもが水筒の水をずっと飲み続けてしまうといったことが起こっています。

また、**目の前のことから逃れるために、水を飲んでいることがあります**。水筒の水を飲むことがある種の逃避行動になっているのです。

大人も休憩中にチョコレートを食べたり、コーヒーを飲んだりしますよね。音楽を聞いたり外の空気を吸いにいったりして、リフレッシュやリラックスしようとすると思います。

子どもは学校や家庭で行動が制限されるため、自分に合った方法やタイミングでリラックスやリフレッシュすることができません。だから、許される範囲の行動で解決しようと、水筒の水を飲むという逃避行動をし続けてしまうのです。

もし**子どもが「水筒がないと不安だ」という状態なら、話を聴いて心に寄り添い、自分の気持ちを全部ノートに書き出す、濡らしたハンカチを首の後ろに当てる、友達に話をきいてもらうなど、他のリフレッシュ方法を探しましょう**。

chapter 5

心づくりのコツ

早めに依存を遠ざける習慣をつくる

スケジュールをつくって関わりを増やす

依存を防ぐには、1日のスケジュールを決めて、実行することが効果的です。

「夏休みの友」という冊子を覚えていますか？　「朝何時に起きる」「宿題は何時から何時まで」「何時に水泳に行く」など、夏休み中にどう過ごすか決めて記入しましたよね。

依存傾向があるなら、夏休みや冬休みなど家庭で過ごす時間が増える時期だけでなく、普段からこうしたスケジュール管理を実行してみてください。

やり方は簡単です。**午前用と午後用のスケジュール時計をつくり、理想のスケジュールを記入します**。時計に、ごはん・宿題・習い事・就寝などのやるべきことと、遊びなどのやりたいこと、それぞれ開始・終了時刻を記入してください。色鉛筆などで塗り分けるとよりわかりやすいですね。

ぜひ**親子で一緒に取り組んでください**。「こうしなさい」「やっておきなさい」ではなく「どんな生活をしたいか」「何が課題なのか」を話し合いながら進めましょう。

手作りスケジュール時計

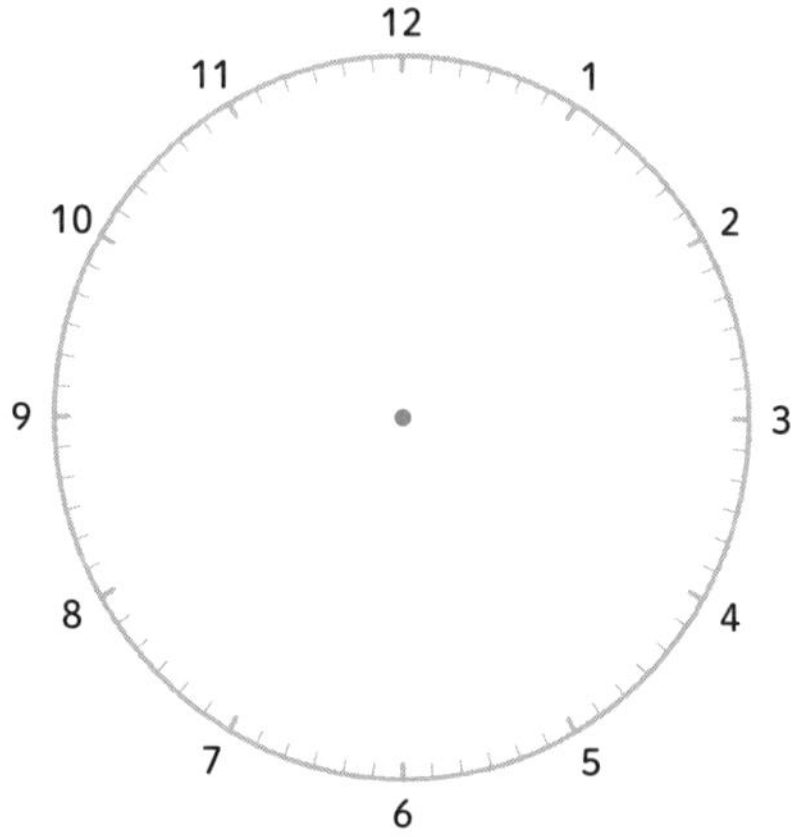

〈記入例〉

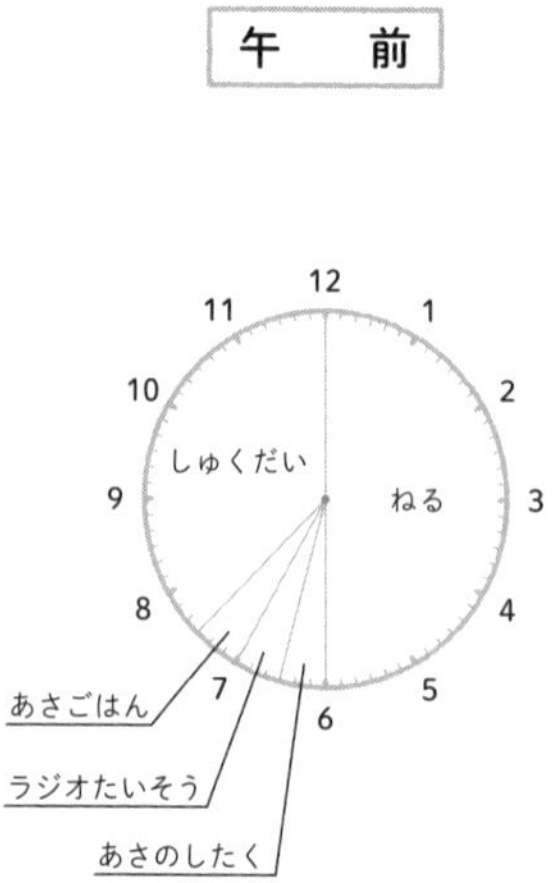

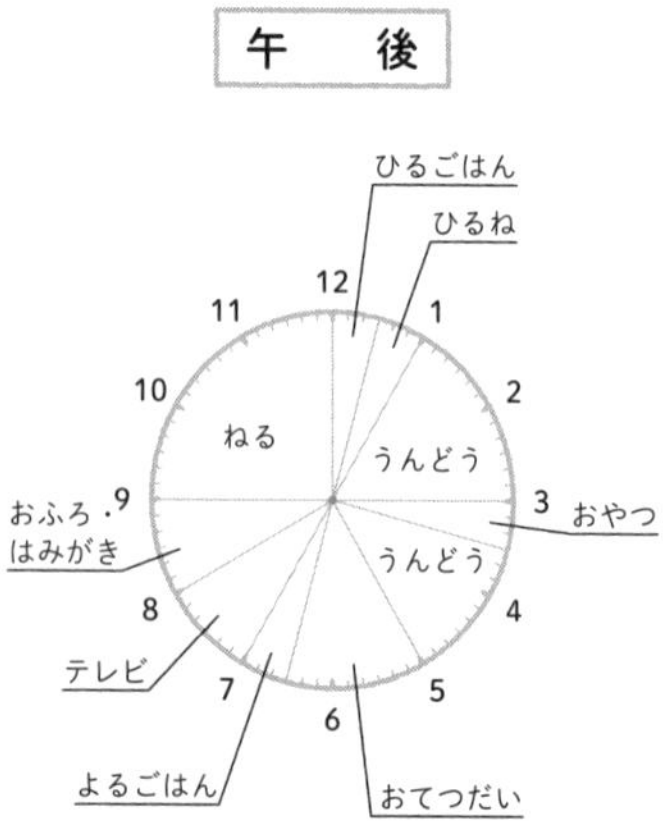

ここでも選択肢を大人が示すことが大切です。

何かをしている途中で上手くいかなくなったとき、諦めてしまう子と続ける子の違いは何でしょうか。それは、次に取れる行動の選択肢をたくさん知っているかどうかです。今回はダメだった。でも、次はこうすることもできるし、ああすることもできる。そういう選択肢がたくさんあれば子どもは安心するし、諦めずに済むと思います。

小学生のうちは、子ども一人では困ったときに実行可能な選択肢をいくつも用意することは難しいものです。子どもの様子をみながら、子どもが必要としていたら、おうちの方から提案してあげましょう。

完成したら、スケジュール時計を見えるところに貼っておきます。予定通りにできたら「すごいね！」と褒め、P178以降で紹介した「1週間のがんばりシート」にシールを貼るとよいでしょう。

こうした活動の何が大事かというと、**子どもが「自分はみてもらっている」という感覚を持てる**ことです。大好きなおうちの方が見守ってくれるならば効果抜群です。

あらゆる依存に対処する「10の方法」

それから「自宅で依存をやめられる10の方法」を試してみてください。

①近くに依存するものを置かない

手や目の届くところに依存対象があっては、抜け出すことは難しいものです。お菓子は戸棚の高いところに置く。スマートフォンは決まった場所に置き、チラチラ見ないようにする。気になるなら、勉強中は箱の中に入れる。そうした**ルールを設けましょう**。

②少しずつ減らしていく

依存しているものを、一気にゼロにすることはできません。

大人でもダイエットをしたいからと一気に糖質をオフにすると大抵リバウンドしてしまいます。**ルールを決めて少しずつ減らしていきましょう**。

成果を出せた日には甘いものをご褒美にするなど、**バランスを取ることも大切**です。

③無意識にテレビを観ない

ダラダラと無意識に観ていると、受動的な生活スタイルが身についてしまいます。自分でスケジュールやルールを決めて、意識的に観る時間や番組を選んでいれば、**主体的な生活スタイルで生きる**ことにつながります。

④周りの人間関係を変える

ストレスの原因となる人間関係は整理が必要です。とはいえ、学校と家庭という狭い世界で生きている子どもにとって、付き合う人間を変えることは簡単ではありません。

その場合は考え方を変えることから始めてみてはどうでしょうか。**今は他者との付き合い方を練習している途中だと捉えて、解決策を自由に考えてみましょう**。居心地が悪いなら本当の気持ちを伝えてみる。仲よくなりたいなら共通の話題を見つける。ちょっと難しいと思うことでも「何とかできないかな」と一緒に考えてみます。いじめなど、命が危険な場合はすぐに離れられるようおうちの方がサポートしてください。

また、最近は母子間の共依存が問題になっているようです。母親は「愛情」と称して自分の思い通りに子どもを育てようとし、子どもは「生きづらい」と思いながらも親から離れられず、自立を阻《はば》まれてしまうのです。

子どもが抱える問題は、あくまで子ども本人に解決させる。共依存を避けるためには、おうちの方としてそのスタンスを忘れないことが欠かせません。

⑤言い訳をしていることに気づく

スマートフォンの使用時間を決めたのに、守れていない。夕食後に間食しないと決めたのに、食べている。そんな光景を見て、注意したらこんな反応が返ってきたとします。「ちょっとだけのつもりだったんだよ」「だって今日はご飯が少なかったから、お腹が空いてお菓子を食べちゃったんだよ」。

このように子どもが言い訳を始めたら、「お菓子を食べるとき何を考えていた？」「今どんな気持ち？」「お菓子を毎日食べ続けていると、体はどうなっていくと思う?」と聞いてみてください。

無意識に言い訳していることに気づかせるのです。いきなり「また言い訳して!」と責めないようにしましょう。**自分を客観的に見つめるよう促し、言い訳をしていること、なぜ言い訳しているかに気づかせることが大切**です。

⑥10年続けたらどうなるか考える

例えば、1日4時間ゲームをしていたら、10年後は何時間になるでしょうか?

1日に一袋ポテトチップスを食べていたら、10年後は何キログラムのポテトチップスを食べたことになるでしょうか? 合計でいくらかかるでしょうか?

長い目で見れば、膨大な時間・量・金額になりますね。**そこまでの時間やお金などをかけるほどの価値があるのか? 考えてみると、依存抑止につながります。**

⑦ワンパターンを変えてよい習慣にする

帰ってきたらゴロンと寝転がってお菓子を食べる。帰ってきたらゲームをする——。

中毒性の高い行動をする代わりに、帰ってきたらすぐ手洗い・うがいをして宿題を

済ませるなど、新しい習慣をつくりましょう。

続けているうちに体が新しい習慣になれ、依存状態から脱していくでしょう。

⑧寂しさや不安への対処法を知る

依存は寂しさや不安、恐れなどからの逃避であると伝えました。ただし、生きていく限り、心にかかる負担を完全に取り除くことは難しいでしょう。

そこで大事なのは、**依存以外で自分がリフレッシュする方法を知ること**です。体を動かすことや誰かに話を聞いてもらうことなど、自分なりのリフレッシュ方法の発見と実践を繰り返して、不安や寂しさとの付き合い方を学んでいくのです。

⑨他人に左右されない

以前「あの子、意地悪だから嫌い。教室行きたくない」という子に対して「あの子は誰に対してもはっきりものを言うタイプなんだと思うよ。先生にもそうだもん」と言ったことがあります。実際何も言われていないのですが、私の話を聞いた子は「みんなに対してそうなんだ」とちょっと安心した様子でした。

もちろん、子どもを安心させるためなら常に嘘をついてもいいとは思いません。ただ、そのときは他人の物言いや態度の変化を気にしても仕方がないということをわかってほしかったのです。

きつい言い方をするのは周りにそういう人がいるからかもしれない。ただ気分が悪かっただけかもしれない。**本当のことは誰にもわかりません。だから、人の言動はそれほど気にしなくていい**のではないかと話してあげてほしいと思います。

⑩時間の使い方を変える

⑦と近いですが、ここでは全体的な時間の使い方を変えていきます。

P241以降で紹介した「スケジュール時計」を活用しましょう。**本当はどうやって時間を使いたいかを考え、スケジュール時計に落とし込む。一つだけでも実行する。**そうやって、少しずつ理想の生活を実現していくのです。

①〜⑩までの方法を試しても改善されない場合は専門家を頼りましょう。

長期休みを利用する

夏休みや冬休みに入るとき、子どもは学校から必ず毎日の生活習慣をチェックするための表を持ってきますよね。これは、長期休みの間に子どもたちの生活が乱れないようにするためです。

「チェックするものがたくさんあって大変！」と思われているかもしれません。しかし、それだけ小学生のうちに身につけなければいけない習慣があるということなのです。

休みになると、子どもが毎日家にいるため、おうちの方はいつもより家事などの負担が増えると思います。大変でしょうが、子どものことをよくみて話を聴くチャンスでもあります。学校からのシートなどをうまく活用して、子どもの習慣をつくっていきましょう。

身だしなみを整えるなどの基本的な習慣は、小学校低学年のうちに身につけたいものです。**シートを使わなくても毎日自分からできるようになるまで見守ってください**。

「ちゃんとできているかな」と定期的なチェックをするのも忘れずに。1回シートを埋められるようになったくらいでは、完全に習慣として身についたとは言えないものです。**最低でも1カ月連続で、できるようになるまで続けましょう**。その後も、長期休みなどで確認するようにします。

また、**一度できるようになったことができなくなるのは、心や体の不調の表れの可能性もあります**。そのときは、時間を取って子どもと向きあってください。

習慣が心や体の健康のバロメーターであることを学べば、子どもは自分で心身の状態を確認することができるようになるでしょう。

第5章のまとめ

❶ 好きなことを見つける
❷ 好きなことを伸ばす
❸ 宿題は帰宅直後に取り組ませる
❹ 自分の中から出てきた問いを深掘りさせる
❺ こだわりも生かす
❻ スケジュール時計で依存を予防する
❼ 長期休みで習慣を整える

第6章

お父さんお母さんへ伝えたいこと

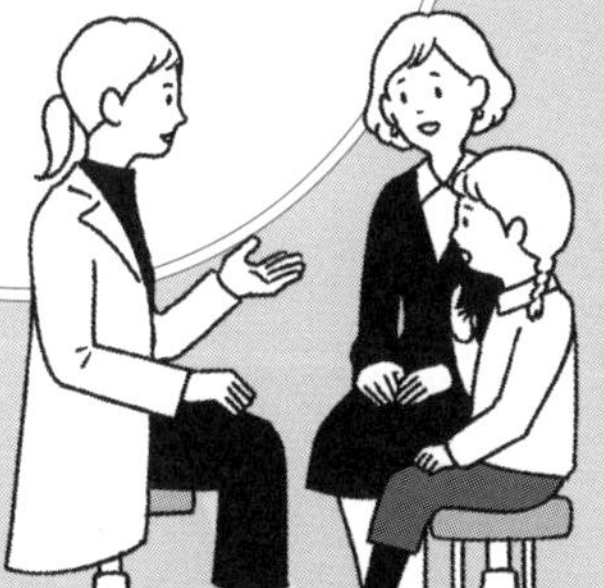

おうちの方にはいつも笑顔でいてほしい

ここまで、子どもの心と体を育てるためのメソッドをいろいろお伝えしてきました。

「やることがたくさん……！」と頭を抱えてしまったでしょうか。

読者のみなさん、焦らなくて大丈夫です。少しずつできることからやってみてください。

子どもがすくすく育つためには、おうちの方の笑顔が一番必要です。

あれもこれもと無理をしないこと。

このことを心に留めておいてください。

第6章では、おうちの方が笑顔になれるよう、肩の力をぬけるよう、励ましのメッセージを送りたいと思います。

私が母として、保健室の先生として、子育てに奮闘する中で得てきた、親子で笑顔になれる子育ての秘訣を紹介します。

日々の子育てに取り入れてみてください。

chapter 6

子育てのコツ

保健室の先生がすすめる子育てを楽しむコツ

子育てでも自分の好きや得意を生かす

おうちの方は家庭という蒸気機関車の先頭であり、子どもの太陽だと私は思っています。つまり、**家庭の安定にはおうちの方が輝いていることがとても大事**なのです。そして、おうちの方が輝くためには、自身が好きなことをして充実感を得ること。

家庭と仕事で目が回るくらい忙しい方もいらっしゃるでしょう。

私もずっとそうでした。笑顔を失ってしまいそうなときもありました。そんなときは、意識して自分のことを大事にするようにしました。**元気をチャージできることを持つ**ようにしていたのです。

例えば、おいしいものを食べに行ってもいいですし、映画を観に行ってもいい。スーパー銭湯でリフレッシュするのも一つでしょう。料理やガーデニングといったご家庭で追究できる趣味があればそれもよいですね。おうちの方が好きなことをして楽しそうにしていることで、子どももポジティブになっていきます。

苦手なことは、パートナーや他の人に任せていいのです。一人で完璧にやらなくていい。完璧主義になると眉間にシワが寄ってしまうものですから。

私は、おうちの方にはあまり「頑張れ」と言いません。なぜなら、すでに頑張りすぎというくらい、頑張っている方が多いから。

まじめでやりすぎちゃうから「お願い」が言えない。「デパートへ行っても、家族のモノばかりで、自分のモノを買う時間がなくなっちゃう……」という方が多いのではないかと思います。

実のところ、私もそうだったんです。今では息子たちも成人し、私の仕事が忙しいときは逆に支えてもらうこともありますが、あのときもっと声を上げていたら、と思うことがあります。

苦手なことがある方は、いろいろな方へたくさん「パス」を出してください。どうか周囲の人を頼ってください。一人で抱え込まないように。子どもの心と体で困ったことがあれば、いつでも保健室の先生へ相談してください。

「3行ポジティブ日記」で育児を楽しむ

子育ては期間限定のプロジェクト。いつか子どもたちは巣立っていきます。

ただ、そうとわかっていても「何でこんなことするんだろう？」「全然言うことをきいてくれない」「私の育て方が悪いのかな？」など、マイナスの感情が沸き起こってしまうことがあるかと思います。

そんな方におすすめなのが、**今日よかったことを3行だけ書く「3行ポジティブ日記」**です。寝る前に、ゆったりした気持ちで日記を開けるといいですね。

多くのおうちの方は、自分の子どもが赤ちゃんのときは「今日はミルクを何cc飲んだ」「便が白かった」など、かなり細かく我が子の様子を育児日記へ記しています。

でも、小学生になった頃にはすっかり止めてしまう。

私は、育児日記は負担にならない範囲で、ずっと続けてほしいと思っています。親として**嬉しかったことを書くことで、ポジティブになる**からです。

ちなみに、私が使っている日記は『10年日記』というものです。そこには、息子が1年生のときに「お母さんが管理職試験に受かりますように」とお守りをプレゼントしてくれたことや、初めて料理をしてくれたときのことなどが書いてあります。

この3行日記を見返すと、「ああ、これだけやってきたな」と自分をいたわることができます。そして「いい子だな」「かわいいな」と子どもの成長をじんわりと味わうこともできます。

子どもの成長を感じられると、他の子と比較しなくなるという効果もありますね。

「何度も言っているのに、どうしてできるようにならないんだろう」「また怒ってしまった」「私の育て方が悪いのかな」。そんな悲しい気持ちのままで寝ないで、今までの積み重ねを見ながら安心して眠りにつく。そうすれば、リフレッシュして朝を迎えられます。

記憶のゴールデンタイムと言われる寝る前の数分、子どもができるようになったことなどを日記に書く時間を設けましょう。子どもと一緒に写っている写真や子どもとつくった折り紙などを貼るなどして、毎日開くのが楽しくなるようにアレンジしてみてください。

メディアで暗いニュースが多い今こそ、自分で自分をポジティブにする習慣が大事なのです。

chapter 6

子育てのコツ

保健室の先生がすすめる子育てがラクになるコツ

子育ては試行錯誤でOK!

おうちの方も初めて親をするわけですから、思い通りにいかないことはたくさんあるでしょう。

私は保健室の先生として、たくさんの子どもやおうちの方の相談に乗ってきましたが、自分の子育てでは失敗だらけ。息子の思春期にはしばらくの間、口をきいてもらえなかったこともありました。

子どもとの接し方は試行錯誤の連続です。よく見てよく聴いて、子どもと一緒に考えれば、必ずよい親子関係を築くことができます。

特に小さいときには、子どもとのスキンシップを大切にしましょう。

歯磨きや耳かきなどはよい機会ですね。女の子であれば、髪の毛をとかしてあげるなどでもよいでしょう。

最近ではコロナウイルスの感染対策で体温を測りますよね。そうした体調管理を親子で一緒にするのもよいでしょう。子どもに関心を持ち、さまざまな形で子どもと接する時間を増やすことが信頼関係の構築につながります。

SOSを出すことをためらわない

私は今年で58歳になります。

私の保健室には子どもだけでなく、おうちの方も相談に訪れます。子どもの喘息やアトピーに悩んでいる方、発達障がいをどう受け止めてよいかわからない方、こじれた親子関係を修復しようと頑張っている方など、たくさんの方がいらっしゃいます。

私も次男には口をきいてもらえない時期があり、とても辛かった。「私の接し方が悪かったんだ」。毎日、そんなふうに反省していました。でも、今では20代になった次男が家に遊びに来て、近況報告をしながらうれしそうに得意料理を振る舞ってくれるようになりました。

苦しみや悩みの中にいるときには、先が見えません。**どうしてよいかわからず、苦しくて仕方がないときは、子どもが25歳とか30歳になったときのことを想像してみて**

ください。「どんな人と結婚するのかな?」「楽しめる仕事に就いているかな?」など。想像するだけならタダですから、「一緒に世界旅行に行けるかもしれないな」でもいいんです。

そんなふうに、苦しくても心のどこかに希望を持ってください。

今一人で子育てに向き合い孤独の中にいるおうちの方へ、どうしても伝えたいことがあります。

近所に頼れる保護者の友達をつくりましょう。**親の応援が期待できれば頼ってください**。現在、小学校には東京都や区が雇ったスクールカウンセラーがいます。電話で担任や養護教諭に予約を入れることが可能です。そうした**専門家にSOSを出しましょう**。

そして、保健室はいつでも子どもの心と体の相談を受けつけています。一人で抱え込まず、そうした場所を頼ってください。

おうちの方が笑顔でなければ、子どもも笑顔になることは難しい。私は日本中の親子が笑顔になることをずっと願っています。

第６章のまとめ

❶ おうちの方自身が好きなことを見つけて実践する
❷ 完璧を目指さない
❸ 苦手なことは周りに助けてもらう
❹ 寝る前に３行ポジティブ日記を書く
❺ 困ったときはＳＯＳを出すことをためらわない

おわりに

～私は「子育て」という海原の灯台になりたい～

灯台のように、保健室から子どもやおうちの方や若い保健室の先生方の行き先を明るく照らしたい――。本書にはそんな思いを込めました。

本書をここまでお読みくださったあなたは、子どもの心に寄り添って子育てすることが子どもの心を満たし、親子の絆も深めてくれるということに、きっと気づいておられるはずです。

ただ、本書に書いてあることを毎日完璧に実行するのはさすがにしんどいと思います。なので、第6章で紹介した3行日記を眺めたり、好きなことを子育てに生かしたりして、ご自分の心が穏やかになれたとき、ぜひ実践してみてください。

「何でそんなに頑張れるんですか？」と私はよく聞かれます。

父を早くに亡くし母子家庭で育った私には、小さい頃から一生懸命に働かなければという気持ちがあったのは事実です。
でも、今はそれ以上に目の前に子どもたちがいることが私の力になっています。子どもたちからもらった手紙は大切にとってあります。たどたどしいひらがなの「ありがとう」はいつ見ても、心が温かくなります。骨折した子が「先生、治ったよ！」と会いに来てくれることもあります。元気になった子どもたちの笑顔を見る瞬間は格別です。

勤務している学校に通う子どもたちについては全員、顔を覚えています。誰もが保健室を訪れる可能性がありますし、遠足や林間学校などの行事には必ず同行しますからね。

そんなふうに付き合ってきた子どもたちが、6年間の小学校生活を終えて卒業するときには涙をこらえることができません。一人ひとりの子どもに対して「すごく成長したな」「立派になったな」と思い、感動します。

この本を書きながら、卒業していった、たくさんの子どもたちのことを思い出しました。

私も若いときは、仕事や家事、子育てで焦ったり満たされない思いを抱えたりしていました。

でも、学校や家庭で、子どもたちの元気な姿を見て気づいたんです。

「今、私とても幸せだわ！」と。

保健室で多くの子どもたちの「再生の物語」に立ち会うことができ、とても幸せな教員人生だと感じます。

おうちの方にも子どもと触れ合う喜びをもっと感じてほしいと心から思います。

あなたのことを愛してくれる子どもがいる。あなたは今、とても幸せなのです。今この瞬間の幸せを感じてください。

この本が、子どもたちの成長と笑顔につながりますように。

そして、子どもが笑顔でいるためには、おうちの方が笑顔でいてほしいと心から思います。

もし悩み、躓《つまず》くことがあったら、この本を開いてください。

この本があなたの育児の悩みに効く保健室となり、子どもと健やかな日々を過ごせることを祈っています。

渡邊真亀子

渡邊真亀子（わたなべ・まきこ）

小学校の養護教諭。健康教育の専門家。

カウンセラー資格有。

30年間、保健室の先生として、3000人以上の子どもや保護者の健康相談に対応してきた。特に、子どもたちの歯の健康促進に力を注ぎ、平成28年東京都学校歯科医師会より「歯科保健功労者表彰」を受賞。勤務校3校にて「全日本学校歯科保健優良校・文部科学大臣賞」を受賞している。

著書に『保健室の先生がお母さんに教える 小学生のための歯のはなし』（WAVE出版）、日本学校歯科保健・教育研究会との共著に『歯・口の保健教育』『歯・口の保健教育Ⅱ』CD-ROM付（東山書房）がある。

※本書に掲載しているエピソードは、取材内容をもとに編集・作成しています。

保健室の先生だけが知っている子育て

2021年6月22日　初版発行

著　者　渡邊真亀子
発行者　野村直克
発行所　総合法令出版株式会社
〒103-0001 東京都中央区日本橋小伝馬町15-18
EDGE小伝馬町ビル9階
電話　03-5623-5121
印刷・製本　中央精版印刷株式会社

落丁・乱丁本はお取替えいたします。

ISBN 978-4-86280-804-2
総合法令出版ホームページ　http://www.horei.com/